王维

传风自笑觅禅音

墨三——著

天津出版传媒集团
天津人民出版社

图书在版编目(CIP)数据

王维 : 倚风自笑觅禅音 / 墨三著. -- 天津 : 天津人民出版社, 2022.1

ISBN 978-7-201-17805-9

Ⅰ. ①王… Ⅱ. ①墨… Ⅲ. ①王维(699-759)—传记 Ⅳ. ① K825.6

中国版本图书馆CIP数据核字(2021)第234757号

王维 : 倚风自笑觅禅音
WANGWEI:YIFENG ZIXIAO MICHANYIN
墨三 著

出　　版　天津人民出版社
出 版 人　刘　庆
地　　址　天津市和平区西康路35号康岳大厦
邮政编码　300051
邮购电话　(022) 23332469
电子邮箱　reader@tjrmcbs.com

责任编辑　李　羚
策划编辑　李　根
装帧设计　三形三色

印　　刷　河北照利印刷有限公司
经　　销　新华书店
开　　本　880毫米×1230毫米　1/32
印　　张　8
字　　数　140千字
版次印次　2022年1月第1版　2022年1月第1次印刷
定　　价　45.00 元

序

倚风自笑

王维，字摩诘，以文词立身，参禅悟理，为人秉直，是唐朝著名山水田园诗派代表人物。

他能诗，善画，通乐律。在绘画方面，以山水见长，曾自言前生应是画师，被称为南宗山水画之祖。在诗歌创作方面，以画入诗是其中一个特色，且他在音乐方面有深厚的修养，能够把对声和色的敏感运用到山水诗创作中，使得诗歌不但富有诗情画意，更有音乐性，这也是《送元二使安西》被谱成《阳关三叠》盛唱不绝的原因。

王维诗歌意境自带雅洁，读起来极有韵味，空林、风月、桃红，歌以咏志，以自然为真，其诗秀雅敦厚，富于禅趣，皆文如其人。

早期，王维十五岁入长安游历考取功名，所写诗歌作品风格健朗，高昂豪放，如《少年行四首》《燕支行》等诗中有建功立业之豪情；他亦曾慷慨诉衷肠，纵死不辞边庭苦，决心报国甘愿侠骨留香。

后在官场上遭遇挫折，有贬谪隐居的经历。在出世与入世之间，他采取亦官亦隐的方式来调节。由于长安诸事扰他清静，后拟把辋川作桃源仙境，过起了“行到水穷处，坐看云起时”的隐逸生活。

文杏树旁，他“结香茅为宇，裁文杏为梁”筑成文杏馆，时常邀知己好友来弹琴赋诗。他乐隐林泉，醉心山水，在诗中所刻画的一幅幅画卷跃然纸上，向读者传递着自然之美。

壮岁，曾隐崇山、终南山，最后在蓝田辋川庄定居，与裴迪共赋辋川诗。躬耕薄地，高卧东窗，与道友谈说佛理，与亲友登高望远，顿觉岁晏安宁！

隐逸对于他来说，是寻禅觅佛的一种方式，也是身世两忘的生命体验。

只可惜，在天宝年间，王维遭逢“安史之乱”只身陷贼，被拘于菩提寺，后被迫任伪职。洛阳收复后，本是被送往长安定罪的他，因曾赋《凝碧诗》陈情，加之弟缙愿削官免其罪，才得被唐肃宗赦免。

自此，他官运顺达，位至尚书右丞，但心中仍对陷贼一事耿耿于怀，曾上书愿出家修行，苦行斋心。晚年，王维历经诸多伤心事后，诗歌风格转向蕴藉、平实，少了几分明快爽朗。

忆昔，那个倚风自笑，寻觅禅意的人，在寂静的山涧，笑言：“人闲桂花落，夜静春山空”。也曾在山中送别友人，期盼着明年春草绿时，能与好友一同约个春和景明的日子，在草木蔓发的春山，携手赋诗。

世间有诸多不幸，不如视为浮云。王维写的送别诗别具一格，虽没有“大漠孤烟直，长河落日圆”这类边塞诗的磅礴朝气，却有“劝君更尽一杯酒，西出阳关无故人”的明朗情深。

在唐朝，王维的诗歌成就显著，被称为“天下文宗”。他善以禅入诗，又精通禅理，遂被誉为“诗佛”。

上元二年（公元 761 年）七月，王维卒于辋川庄，他终于走完了自己的一生，去到了他向往的安乐净土，一切凡尘俗世也都无法再牵绊他了。

萋萋芳草又绿了辋川庄，芍药花开了千载，王孙却是再也不会归来。独留其亲手所植银杏古树，纷纷去作人间雨，落了千百年。

目录

contents

第三章 不如高卧且加餐

第四章 边塞归来报天子

第五章

犹问王孙归不归

第六章

一生几许伤心事

第七章

不向空门何处销

第一章 长安少年游侠客

人的一生，或许当如王维笔下的辛夷花那般，不在乎开得张扬与否，谢也不怨不艾；人的一生，无论生在何处，有无人关注，有无人怜惜，也要活得从容，不抱怨也不屈服，要带着逍遥的心境向前走。

昔有佛家子

盛唐，风景旧曾谙，多少风华绝代的人走过，欣赏过，也吟唱过。长安城是个盛产传奇的地方，有“西望长安不见家”的李白，也有歌尽“长安水边多丽人”的杜甫；更有“当轩对樽酒”，静看“四面芙蓉开”，人淡如荷的诗佛——王维。

长安元年，大唐降下了两颗文曲星，一位是“自称臣是酒中仙”的李白，另一位是“如秋水芙蕖”的王维。当时，人们何曾知道，这两个人将照亮盛唐的诗坛。

王维出生在河东蒲州的一个小县城里面。王姓本是太原望族，东晋名家。然而，显赫的王氏早在历代传承之间，随着九品中正制的废除而衰落，太原王氏早已不复魏晋门阀时代的荣耀，一如“旧时王谢堂前燕，飞入寻常百姓家”。以科举选官为重的唐朝，“王”这个姓氏并没有给王维带来多少荫庇之利。

关于王维父亲的生平事迹在《旧唐书》中有所记载，其父王处廉曾做过汾州司马，其他就没有记载了，而在王维的诗文中也没有透露其父的信息，倒是他的母亲崔氏时常出现在他的记载当中。

王维年幼丧父，他和几个弟妹都由其母培养成人。崔氏笃信佛，日常生活俭朴，通达慈善。

而王维的名字也与其母一心奉佛有关。王维出生时，崔氏夜梦菩萨进屋，于是给他取名王维。这名字来源于佛教大乘经典《维摩诘所说经》，虽不确定这传说是否可信，但可信的是王维家庭奉佛氛围极其浓厚。据《旧唐书·王维传》记载：“维弟兄俱奉佛，居常蔬食，不茹荤血；晚年长斋，衣不文采。”这也说明王维一家对禅的笃信。

王维出生在一个厚德载物的朝代，三教合一的交流越发频繁，他自小深受这种社会风气的影响，最后他把这种厚德载物的思想渗入他的诗作中，使得其诗风平和敦厚，以物写心，以心合天，达到“乘物以游心”的境界。

千百年来，世人都道盛唐李白五言绝句是天仙语，而王维诗则入禅宗。溯世而观，我们其实从下面这首《辛夷坞》中能看出他是怎样以禅入诗的。

木末芙蓉花，山中发红萼。

涧户寂无人，纷纷开且落。

这首诗王维写于安史之乱前，那时适逢好友张九龄罢知政事，而李林甫一派迅速把持朝政，导致朝政越发黑暗。王维虽在朝为官，但眼看着动荡的朝局，他的内心极其矛盾，甚至产生归隐山林，终日奉佛的想法。

后来，他在终南山下的辋川庄，过着亦隐亦仕、素衣礼佛的生活。

诗题“辛夷坞”是辋川中的一处地名，因满布辛夷花而得名。辛夷花花开初春，花色白紫各具，常开枝头，形似莲花，因而王维在诗中巧称其为“芙蓉花”。

那年春天，王维在辛夷坞这个地方，一边观赏着娴静高雅的辛夷花，一边迎着春风，诗文脱口而出，诉说的就是这一场寂静的花事。

当时的他，思致平淡，并无太大的波澜，那一站，便是从日出到晚风吹拂。他不是不愿离开这空谷，而是那辛夷花点缀下的幽静山涧显得娴雅可爱。他本就是一个人独自赏花，既无人催促便放慢脚步欣赏这场花开花落。

走一步，再往花径走一步，脚踏涧边芳草，萋萋然让人悦目。他青衫单薄，在瑟瑟溪流照影中，显得清隽异常。

开得正烂漫的辛夷花，不时落到他的肩膀上，他刚开始一愣，继而淡然一笑抬头看向那绽放枝头的辛夷花，任由它灼灼绽放，又寂静落下。

这花开花落本是大自然的寻常事，可在他的笔下却成了“禅意”。

辛夷花迎春而绽，花开满树，色丽不妖更不失素雅丰姿，且芳香怡人，极具观赏价值。

其实，辛夷花还具有药用价值，其性味辛、温，能归肺、胃经，祛风寒，通鼻窍。

只是，在王维眼里，它只是佛法自然。

王维诗中的花成了佛禅义理的吟咏对象，他从落花感悟到生命的匆促。怪不得刘辰翁在《王摩诘诗集》中评：其意不欲着一字，渐可语禅。

王维作诗素喜爱描幽静，他写出了辛夷坞这个地方的寂寞，更写出落花的自然之意。这花开花落任由你去诠释，正所谓“见山是山，见水是水”，这明月清风便由它去吧，不去为日月增光，也不屑为愁赋诗。

“涧户寂无人，纷纷开且落”不单单道出了自然生命归于尘土的过程，更让辛夷花进入佛境，无论是灿烂还是归于尘土都从容自然，是生灭一任自然的境界。

吟他的诗，自然而然地进入“洁”之界，尽是禅音缭绕。

诗犹如此，人亦如是。他的诗就是他一生的诠释。

人生所追求的是精神上的自由，即使身在红尘，精神依旧能超然世外，达到“世事浮云何足问，不如高卧且加餐”的自由境界。

王维，他就是这样一个“如秋水芙蕖”一般洁净的佛家子。

而他的诗，也是自带自然灵秀之气。

人的一生，或许当如王维笔下的辛夷花那般不在乎开得张扬与否，谢也不怨不艾；人的一生，无论身在何处，有无人关注，有无人怜惜，也要活得从容，不抱怨也不屈服，要带着逍遥的心境向前走。

王维的心如蔚蓝而沉静的湖水，是那般的超然物外，把庄子“道法自然”的思想贯彻到底，为人处世多了一份洒脱。那是“行到水穷处，坐看云起时”的淡然，那是“人闲桂花落，夜静春山空”的恬淡，那也是“返景入深林，复照青苔上”的澄明，那更是“涧户寂无人，纷纷卅且落”的灵秀。

佛家寂空的思想对王维的诗影响极深，看那辛夷花花开花落，“芙蓉花”“红萼”“寂无人”“开且落”等空灵的意象，使人吟诵起来带着恬淡的情意，不由得产生灵性的禅悟。

禅悟，本是通过认识人的心性，从而达到人主体精神的回归，回归到清静的自然本性，是佛家"明心见性"的思想。

王维其人心境澄明，明本心，能够以禅入诗。他的诗历来被人称道，其人在诗界被称为"诗佛"。

然而，在盛唐那个群星璀璨的年代，各色的诗人绽放出独特的诗歌魅力，千百年来让人惊叹不已，各执一词！

那傲然"斗酒诗百篇"的李白，有"笔落惊风雨，诗成泣鬼神"的神奇魅力，他一生豪迈奔放，不惧权贵，用满腔热情与酒气酿就"诗仙"的神迹；那忧国忧民的杜甫，用笔底的波澜，诗就人间的疾苦，怀着圣人的心怀，被世人称为"诗圣"。

人称王右丞如"秋水芙蕖"，倚风自笑，他的诗澄澹精致，诗秀调雅，意富禅理。

其实，王维只是在写属于他的诗罢了。李白有纵酒高歌的狂傲情怀；杜甫有饱经战乱，漂泊无依的沉郁顿挫。

后来，有人诘难王维的诗歌远不如李杜之诗那般有表现力，只会展淡泊之音，而无民生疾苦之慈。

正所谓诗言志，且各人有各人的为诗之道，若人人雷同，又哪里有诗仙、诗圣、诗佛和诗鬼等称号呢？

王维生在名门之后，正处大唐盛世，自幼便在贵族豪门之间见识为官处世，况且他的家庭尽心奉佛，他在佛家氛围中成长。可以说，他便是佛家之子，自然写的也是《辛夷花》

这些禅理之诗。

佛说一切法，为除一切心。王维要渡的不过是一个自己罢了！只是千百年后，即使众人熙熙攘攘，他独淡然而立，如辛夷花一般倚风自笑，秋水映荷。

异乡为异客

王维自小便有真性情，直到老了也未曾改变，这难道就是所谓的“三岁定八十”不成？只是那种无悲亦无喜的淡泊之心，那种“老来懒赋诗”的大彻大悟的佛家思想又是怎样形成的呢，他的年少时期又有怎样的一个经历？

王维少年早慧，一身兼长诗画，在诗作中他曾谈及，“宿世谬词客，前身应画师”。真不失为一个爽朗的人，笑谈自己前世错投为诗人，今生应当是画师。其实，王维年少便工诗、善画、晓音乐，是个多才多艺的人。

景龙三年（公元 709 年），王维八岁，就能写出精妙的诗歌和文章，曾在家乡被誉为“小诗人”。关于王维如何学诗，世间倒有一桩趣闻。

王维是河东蒲州（今山西运城）人，山西流传着无醋不成味的习俗。“家家有醋瓮，人人当醋匠”就是当地的真实写照，每户几乎都自酿陈醋。当时，屋外阳光穿过树的枝丫洒落地面，风清日丽，其母崔氏叫王维从书屋出来帮忙晒醋，然而，脑袋里都是诗词的王维，不觉间竟跌进了大醋缸里面。

或许，我们会为这个痴气的大诗人扑哧一笑。后来，世人意味深长地道：

诗非苦吟不工，信乎？古人如孟浩然，眉毛尽落；裴祐袖手，衣袖至穿；王维走入醋瓮：皆苦吟者也。

——（后唐）冯贽《云仙散录》

故事本身旨在说明，王维作诗从年少开始就很努力，而且有所成。

唐隆元年（公元710年）六月，李隆基与太平公主发动“唐隆政变”诛杀了想学武则天当女帝的韦后。后太平公主自恃拥立唐睿宗有功而经常干预政事，欲废太子李隆基。唐睿宗禅位给李隆基后，李隆基与宰相郭元振、将军王毛仲和内给事高力士等人设计发动“先天政变”赐死谋逆的太平公主，并迅速掌握政权改年号为开元。

唐玄宗统治之始，整顿朝纲，任用贤能，励精图治，使得朝政趋于平稳，经济恢复发展。长安，是唐代开元年间最为繁华的地方，也是每个仁人志士向往的地方。

开元三年（公元715年），年仅十四岁的王维离家前往长安游历。

王维是在杨柳青青的时节离开了蒲州，离开了高堂与兄弟，孤身远游长安之地，都说燕赵之地多悲歌，歌的也许就是种种离情。

父母在，不远游，心中尚念亲人，远游实属无奈，纵使不为生计所逼，不为功名所迫，王维心中也存有对明日的期盼。此番远游，归期难料，若不闯出一番事业，怎堪离恨苦。

王维离开蒲州的时候，转身切切叮嘱兄弟照顾好双亲，一番托付，依依惜别，长亭外，饮罢汾酒，转身而去，但愿分久必合！

陌上漫漫飞尘，总遮不住离人泪！

他远赴长安途径骊山时，看到了南依骊山，北临渭水之滨的秦始皇陵。骊山林木葱郁，谷峰相间，状似盛开的莲花；而在秦始皇陵东侧则有川流不息的温泉水经过，整座宏大的秦始皇陵可谓是“依山环水”。

看着这规模宏大的秦始皇陵，游历到此的王维写下了《过始皇墓》：

古墓成苍岭，幽宫象紫台。
星辰七曜隔，河汉九泉开。
有海人宁渡，无春雁不回。
更闻松韵切，疑是大夫哀。

在他眼里，宏大的始皇墓在草木丛生的山岭里面，可以想象那幽深的地宫是怎般富豪华丽。那墓顶镶嵌着的大珍珠正象征着日月和金木水火土五星。而墓底的“河汉”是用水银灌注而成的江海湖泊，若妄想进入一窥究竟，得有舍生忘死的胆量和气魄。毕竟，那是黑暗幽深，永远也没有回春的地下。万野风吹，松林声切，恍如哀声挽歌。

路过秦始皇陵的人千千万，而所题的诗也不尽相同，一如王维“星辰七曜隔，河汉九泉开”暗含伤感的赞叹，也有许浑“一种青山秋草里，路人唯拜汉文陵”的冷语愤恨，更有元好问“无端一片云亭石，杀尽苍生有底功”的责骂。

十四岁的王维看着秦始皇陵前的林木森森，恍如看见了那个曾经叱咤风云的秦始皇，然而那千古一帝也终归黄土，令人唏嘘不已。

转身而去，身后哀鸿无音，前方是通往功与名的长安路。一路漫漫，带着心中的夙愿，王维来到了长安。

开元四年（公元716年），十五岁的王维在长安结识了好友祖自虚，他们共隐于风光旖旎的终南山，周游于长安与洛阳之间。

在芳菲的四月天，王维与好友一同前往洛阳欣赏那雍容华贵、国色天香的牡丹花。

刘禹锡曾语："唯有牡丹真国色，花开时节动京城"，而李白则云："云想衣裳花想容，春风拂槛露华浓"，这些都是对牡丹花华贵之意的赞美。其实，在王维看来，牡丹花的精神还不止于此，能反衬牡丹花精神的正是洛阳儿女。

据传，天授二年（公元 691 年）腊月，长安城大雪纷飞之时，女帝武则天饮酒作诗，"明朝游上苑，火速报春知。花须连夜发，莫待晓风吹。"百花慑于此命，竟然连夜开花，唯独牡丹不违时令，闭蕊不开，于是被盛怒的武则天贬出了长安，施加火刑后发配到洛阳。未料牡丹遭逢此难仍傲然挺立，花开更丽并被誉为"焦骨牡丹"。

王维欣赏着这绝美而不畏权贵的牡丹花，挥笔写下了《洛阳女儿行》：

洛阳女儿对门居，才可颜容十五余。
良人玉勒乘骢马，侍女金盘脍鲤鱼。
画阁朱楼尽相望，红桃绿柳垂檐向。
罗帷送上七香车，宝扇迎归九华帐。

狂夫富贵在青春，意气骄奢剧季伦。

自怜碧玉亲教舞，不惜珊瑚持与人。

春窗曙灭九微火，九微片片飞花琐。

戏罢曾无理曲时，妆成祇是熏香坐。

城中相识尽繁华，日夜经过赵李家。

谁怜越女颜如玉，贫贱江头自浣纱。

诗中的“洛阳女儿”取自梁武帝萧衍《河中之水歌》中“洛阳女儿名莫愁”，“洛阳女子”一般代表贵族女子。

生长在洛阳的妙龄女子，待到韶华灼灼之时，她的丈夫骑骏马，带女婢，盛装来迎接她。桃红柳绿，隔着迷人的春色，她就坐上了那奢华的马车，通篇写尽娇贵之态。

或许，她的丈夫正得志，行事大方，不惜效仿石崇与王恺争豪，用铁如意打碎珊瑚树。只是，有此“良人”，能恃宠享乐，也能日日花时间打扮，终日围着香炉熏衣服，不过终究有些空虚，有些无聊。

王维笔锋一转，又有谁去怜惜那“江头独浣纱”的越女（诗中指春秋时期越国美女西施）呢，那只是颜如玉而身不遇的贫贱之女。

这一贵一贱之间，王维借此讽刺那些依附于权贵的洛阳女子，她们出入富贵之家，奔走在权门之内，也表达了君子不遇之感。意在言外，甚妙！

在王维诗中的洛阳儿女丝毫没有牡丹花不屈的精神，有的是依附与娇贵。

这首诗，句句用典，且对仗严谨，可见王维早期诗风的特点，诗调明快清新，豪迈刚健，思想上表现出较强的现实主义。

王维与好友祖自虚洛阳赏牡丹后，便匆匆离别。

王维十七岁那年，孤身一人在洛阳和长安之间游历，重阳节那天，思乡心切的他写了下千古名诗《九月九日忆山东兄弟》：

独在异乡为异客，每逢佳节倍思亲。
遥知兄弟登高处，遍插茱萸少一人。

王维家居蒲州，在华山之东，因此诗题中的山东兄弟正是老家的兄弟。繁华的长安城也遮挡不住他思乡的心，随着节日的到来，思乡之情只会更加深刻。

“独在异乡为异客”，在举目无亲的异乡，越是繁华热闹的地方越发衬得人孤独，宛如一叶浮萍，漂泊无依或许是对异乡游子最好的诠释。

王维在诗中所说的九九重阳节是一个“踏秋”佳节，自然少不了出游赏秋、登高远眺和遍插茱萸等赏秋乐事。

那天，王维独自一人腰悬菊花酒，身带茱萸前往高山之巅，远眺是长安城的繁华，近看是迎着秋风摇曳的黄菊。或许在遥远的华山之东，他的兄弟也如同他一般登高思亲，他们遍插茱萸，独独少了他一人。

秋风吹拂着腰间佩戴的茱萸，那未能与兄弟们共度佳节的遗憾从未减少分毫，如同杜甫所想"遥怜小儿女，未解忆长安"那般情深难消。

王维在诗中不言我想他们，却说他们在想我，这不单是倍思亲，亦是加倍的凄清。真是情意所发，忠厚蔼然！

长安是好的，它能够给予世人进取功名、上报国家的机会，即使"独在异乡为异客"，他或许是甘之如饴的！不然，他也不会十四岁就离开家乡前往长安。

他的孤独，在秋风荡漾的湖面泛起波光粼粼，看似平静，实则深沉。

孤独的人最容易想起朋友，王维又想到了好友祖自虚，也不知道他过得如何，让人想不到的是，王维最终等来的却是关于好友的噩耗。

开元六年（公元 718 年），祖自虚去世了。

那年洛阳赏牡丹后一别后，没想到成了永别，王维与好友祖自虚阴阳相隔。

对于祖自虚的去世，王维伤心难过了很久，他凭吊留诗一首《哭祖六自虚》（节选）：

生前不忍别，死后向谁宣。为此情难尽，弥令忆更缠。
念昔同携手，风期不暂捐。南山俱隐逸，东洛类神仙。
未省音容间，那堪生死迁。花时金谷饮，月夜竹林眠。
为善吾无矣，知音子绝焉。琴声纵不没，终亦继悲弦。

全诗共六十四句，此处只节选了其中几句。王维在诗中不厌烦地化用典故，每哭必用典，不显烦琐，反而使哭越发深沉动人。

年少入长安的王维，结识了志同道合的祖自虚，两人来往长安与洛阳之间，正为奔赴仕途而做准备。

二人曾前往终南山隐居。在唐朝，这“隐居”有着独特的含义，他们隐居多半是为了造就清名，故有“终南捷径”之说。

“南山俱隐逸，东洛类神仙”，王维与祖自虚在终南山隐居期间，时常携手赋诗，共游东都洛阳，友谊深切。祖自虚的逝去，对王维来说是痛失知己的悲。

那时他“独在异乡为异客”，举目无亲，在异乡里过着异样的生活，风习不同，难免产生思乡之情，而祖自虚的到来对于王维来说，无疑是欢喜的。祖自虚的去世，对王维来说，可谓是个晴天霹雳。

他哭祖六年少忧患，哭其瘦弱多病；也哭祖六贤能多才而何辜遭摧残，哭其不能尽报国门；哭同其之间的情深意切，如今却生离死别，不能再一同携手赋诗。

死者音容绝，生者长相思！

祖自虚病故，王维为其送葬后，就离开了终南山前往京城应京兆府试。

京兆得玉壶

开元七年（公元 719 年），王维在繁华的长安城定居下来，一边吟诗作画，一边静候科考。

唐代的士人若是赴考进士科，必须先向府州求举，直到府州考试合格才能够参加尚书省吏部（后改为礼部）的考试。

因此，王维在槐花嫩黄、芳菲未歇的七月，带着心中的夙愿前往京兆府应试。在应试时，他作了《赋得清如玉壶冰》一诗明志，那时他才十八岁。

玉壶何用好，偏许素冰居。
未共销丹日，还同照绮疏。
抱明中不隐，含净外疑虚。
气似庭霜积，光言砌月余。

晓凌飞鹊镜，宵映聚萤书。

若向夫君比，清心尚不如。

那日，他端坐长案，细细思量，下笔写下这传咏千百年的状物之作，诗中的“玉壶冰”最早出自南朝宋文学家鲍照《代白头吟》中的“直如朱丝绳，清如玉壶冰”中的“玉壶冰”。后来，“玉壶冰”就成为了诗词中的一个意象。

“玉壶冰”象征的是高洁清廉的品质，王维在诗中从各个角度对玉壶之冰作贴切的描摹。

他说，晶莹剔透的玉壶有什么用呢？不如放些许素净洁白的冰块进去，让素洁之冰免被日光所融，那样还能够使窗户流光溢彩。玉壶中的冰从中间能看清，可从外看却是虚无的，玉壶中的冰气如同庭院中的霜雪积累，它的光亮胜过台阶边的光亮。

执笔微顿，他细细说起那个关于飞鹊镜的传说。曾经有一对夫妇即将离别，两人把古镜一分为二，各执一半以为信物，后来，他的妻子与人私通，妻子手执的镜子化身为鹊飞到丈夫身前诉说实情，于是，丈夫便知道其妻不忠。因此，“飞鹊镜”意为能够照见妻子之心的神物。

在这首诗中，王维还用了一个典故，那就是“聚萤书”，它典出《晋书·车胤传》：“（车胤）家贫不常得油，夏月则练囊盛数十萤火以照书，以夜继日焉。”

“玉壶冰”在王维笔下，其光比照见妻子之心的飞鹊镜更加光亮，亦可以代替萤火虫去照亮书本。

搁笔之前，他笑吟“玉壶冰”胜于妻、友，真如知己，其实，他不过是倾慕于素冰的清高坚贞的气节罢了！

“玉壶冰”，无论是玉，还是冰，皆高贵纯洁。他以冰壶自励，以磊落明清心之志。

最终，王维应京兆府试得解头，得到了受吏部试的资格。

然而，在《集异记》中记载，王维未及弱冠得解头是得贵主所荐，还记录了他弹奏《郁轮袍》得九公主欣赏的故事，这些传闻不尽合于事实。但是，王维仕途中的这些“贵主”确实值得一谈。

在这些故事中，岐王李范是王维的一个重要的朋友。李范是唐睿宗的儿子，本名李隆范，后李隆基继皇位后，他为避名讳改为李范。

李范其人以好学爱才著称，雅善音律，爱儒士，喜收藏书画。李范的这些性格特征，正是能够与王维交好的证据。

在《集异记》中，王维善诗文，通音律，到长安游历期间得岐王所重。王维参加科举考试期间，岐王建议王维用诗配上琵琶谱写新曲进献九公主府邸。此曲，就是传说中名动长安的《郁轮袍》。此次献曲，尤得九公主所喜，不单单是一曲《郁轮袍》，王维的诗文也深为所重，九公主曾言，“皆我素所诵习者。常谓古人佳作，乃子之为乎？”

王维就以一曲《郁轮袍》在九公主的全力推荐中得解头。

这个传说的出现，使一些人认为，王维奏《郁轮袍》是“走妇人内线”。确实，武则天掌权以来，公主的地位尤为显赫，士子“走妇人内线”亦是进入仕途的一条路。一如李白隐居峨眉山期间，得持盈法师（玉真公主）推荐而进入翰林。

撇开传闻不论，王维在十八岁确实是得了解头，让他离仕途又近了一步。

是年，王维留诗《李陵咏》，歌以咏志。

汉家李将军，三代将门子。
结发有奇策，少年成壮士。
长驱塞上儿，深入单于垒。
旌旗列相向，箫鼓悲何已。
日暮沙漠陲，战声烟尘里。
将令骄虏灭，岂独名王侍。
既失大军援，遂婴穹庐耻。
少小蒙汉恩，何堪坐思此。
深衷欲有报，投躯未能死。
引领望子卿，非君谁相理。

在历史的长河中，有多少英雄曾忍辱负重，又有多少英雄曾蒙受冤屈，他们都盼望着知情的人能够为自己申辩。但为了明哲保身，又有几人能够为这些蒙冤的英雄辩解一二？

是的，许多人都做不到。但是，王维却写下了这首《李陵咏》为古之英雄李陵歌咏。

李陵，字少卿，祖父是号称飞将军的李广，他也是西汉名将，可谓是将门世家。天汉二年，李陵随军出征匈奴，率领五千步兵与八万匈奴在浚稽山作战，敌众我寡，最终兵败。

这件事传到汉武帝耳中，却成了李陵投降匈奴并为匈奴操练士兵，因为这个谣言，李陵被灭三族，与汉朝断绝了关系。

李陵最终蒙受着冤屈死于匈奴，落叶不得归根。

诗中所提到的“子卿”是西汉杰出的外交家苏武，他虽然与李陵一样身陷匈奴，可结局是全然不同的，在所有人眼中，苏武持节不屈，爱国忠贞。

所以，李陵将辩解的希望寄托在苏武身上。

当年，苏武奉命出使匈奴，被扣留后不肯投降，遂在匈奴牧羊十九年以明志。苏武在牧羊期间，身在匈奴的李陵前去拜访他，两人置酒长谈。十九年之后，苏武归汉，他没能为蒙冤的李陵申辩。当年司马迁尚且不能还李陵清白，事隔多年，又岂是子卿一人能够申冤的呢？

正所谓，将军百战声名裂，回头万里，故人长绝。

王维用这首诗，还原了一个对汉室忠心，铁骨铮铮的将门英雄。

开元长安游

开元八年（公元720年），在“等闲识得东风面，万紫千红总是春”的好时节，王维就试吏部，落第。

后生孟郊科举一再受挫，无奈写下“两度长安陌，空将泪见花”的伤心句，今人王维落第又是怎样的心情？

我们能够从《从岐王过杨氏别业应教》一诗中有所体会。

杨子谈经所，淮王载酒过。
兴阑啼鸟换，坐久落花多。
径转回银烛，林开散玉珂。
严城时未启，前路拥笙歌。

王维落第之后，时常和岐王李范一同宴游，而王维在诗中写了西汉淮南王刘安重视贤才，带着美酒去贫寒的扬雄宅畅饮一事。实际上，西汉扬雄和淮南王刘安从未曾相交，只是，在王维看来，这喜学术和擅学术的二人应当有所交往罢了。他把岐王李范比作淮南王刘安，而诗中的扬雄借指自己，也记录了岐王带领诗友畅饮共游杨氏别业的情景。

在繁华春景中，公子方弱冠，置酒开饮，微醺时指点诗意，好个良辰美景。直到兴尽，树上鸣叫的鸟儿换了几种，因久坐而地上的落花满地，他停杯微顿，浅笑扶额，许是久坐的缘故！

诗友几人，一路相扶走过曲曲折折的幽径，穿过树林，豁然开朗。原本闪烁的烛光变成了灯火通明，不经意抬头就能看见迎接他们回府的车马就在眼前，兴尽，当归。

他们一行深夜到达城门时，城门尚未开启，正所谓纵情赏玩，余兴未尽。时有晚风吹醺，明月正照笙歌，映着他们的身影是那么的长，伴着晨风隐于笙歌寥落处。

王维虽然落第，但他并没有失意地离开长安，而是选择在长安游历。

有一种诗，名“干谒诗”，是古代文人为了求得进身的机会而写的一类诗歌，能够含蓄曲折地表露诗人的心迹。而与干谒诗相配的就是游历，王维这个时候留在长安，一方面是为下一年的吏部试做准备，一方面也与一些好友和一些有权力的达官贵人交往。

在当时的社会背景之下，王维与一些皇亲交游不知是福还是祸。

唐朝皇族内部的矛盾一直很尖锐，岐王李范虽然是李隆基上位的支持者之一，但李隆基登基之后为防止宫廷政变，一直对岐王在内的诸王严加防范，禁约诸王不得与群臣结交。

在这种氛围之下，还没有当官的王维与颇爱儒士的李范饮酒赋诗，共游九成宫。在九成宫避暑时，王维写下应时之诗《敕借岐王九成宫避暑应教》：

帝子远辞丹凤阙，天书遥借翠微宫。
隔窗云雾生衣上，卷幔山泉入镜中。
林下水声喧语笑，岩间树色隐房栊。
仙家未必能胜此，何事吹笙向碧空。

诗中的“帝子”指奉诏离开京城去九成宫避暑的岐王，避暑之地九成宫就建在林木映衬的苍山之上。诗中的九成宫就如同“翠微宫”一般，即使在炎热的夏天也透着一股青翠凉爽之气。

王维随着岐王等人负手站在九成宫顶俯视，白云绕窗，恍若从户牖的缝罅中偷袭进来，沾惹衣上。

妙龄侍女低眉卷起帘幔，山泉清澈如镜，美女临镜微理妆容。窗外瀑布之下传来阵阵欢笑声伴随着泉声泠泠；环视四周，峡谷掩映，九成宫就在青山绿水之中，好不幽美！

眼前云拥雾绕、树抱水环的层层景象，正中“翠微”二字，甚妙！

若说“兴阑啼鸟换，坐久落花多”自然入妙，幽美雅致，那么在这首诗中的“隔窗云雾生衣上，卷幔山泉入镜中。林下水声喧语笑，岩间树色隐房栊”则是诗中有画，画中有人，不是仙境胜似仙境。

九成宫一游，王维惊叹“仙家未必能胜此，何事吹笙向碧空”。

诗中“吹笙”二字，王维运用了一个贴切的典故。据《列仙传》记载，周灵王太子晋喜好吹笙作凤鸣，曾游伊洛之间，后来被道士浮丘公接上嵩山三十余年。王维化用典故，一则赞美了九成宫比之仙境更胜，二则把岐王比作太子晋，却巧言不必学太子晋成仙，这里便是仙境。

这首七言律诗记录了王维与岐王等人避暑九成宫的所见所闻，虽是应制诗，却写得明朗温润，字里行间皆是自然之妙，亦有仙风道骨之气。

诗如其人，王维的精神世界犹如仙境般清澈明朗。

王维在开元年间游历长安期间，并不独独与皇亲岐王有交，据《旧唐书》记载："（维）昆仲宦游两都……宁王、薛王待之如师友。"虽然在《王摩诘诗集》中找不到他与薛王的交游之作，但是却有诗《息夫人》记录了他和宁王有所交往。

莫以今时宠，难忘旧日恩。

看花满眼泪，不共楚王言。

这首诗是王维在宁王府中应宁王之命而作，诗中的息夫人是春秋时期著名的美女，其人容貌绝代，目如秋水，脸似桃花，亦被称为"桃花夫人"。她原先是息侯的夫人，后来被楚王强行抢入楚宫做了楚王夫人。

对于先后侍二夫的息夫人来说，今日的新宠实则是一种侮辱，息侯的恩情岂是可以忘掉的？

即使是辉煌的楚宫和满目的鲜花，也不能使她愉悦。在一旁的楚王看着她默然对花，泪流满脸，无论如何劝慰，息夫人亦不肯与他说一句话。

那是怎样的愤恨，才能使一个人对一个终日相对的人不言一语？那是对妇女的侮辱，以及对爱情的践踏，那是沉默中的反抗，深情而执着。

王维写下《息夫人》这首诗，在当时那个情境之下，很容易惹祸上身。对于一个方及弱冠，在京以图考取功名的士子来说，是极其大胆和勇敢的。

根据唐代《本事诗》的记载，唐明皇的哥哥宁王李宪爱好美人，王府中有很多色艺双绝的妙龄女子，但宁王却看上了王府附近卖饼人的妻子。

卖饼美人长得如花似玉，宁王一见钟情就用重金强买了回来，非常宠爱。

宁王时常询问这位美人，你还会想起饼师吗？美人默然不答。

有一日，宁王宴请客人时，将饼师召来王府。

美人看到曾经的丈夫，泫然落泪，悲痛欲绝。当时，宴席上的多是文人雅士，看到这一幕都很是感动。

王维当场就作了这首《息夫人》，宁王念了这首诗，又看着悲伤的美人，心中感慨万千，当场就将这位美人送还饼师。

总之，这首诗不加议论，就如同讲故事一般写出了息夫人内心的凄凉，也写出了饼师妻的不屈与哀怨，进而写出女子不为荣华富贵所惑的忠贞，感人肺腑。

王维的落第只是“黄金榜上，偶失龙头望”罢了，在最好的年纪，他没有为一次落第而消沉，而是放歌长安。

这段时间他热衷游历以增加见识与诗情，一方面还要准备来年春天的吏部试。相信终究有一日，在春风得意的好时节，鲜衣纵马，一日看尽长安花！

第二章 世事浮沉何足问

谁不知道奔赴边疆从军的艰苦和危险呢？纵使战死沙场，亦能留下侠骨芬芳！也许，上天经不得王维一再心心念念想着沙场生活，羡慕敬佩百战的将军，不久之后，他得到了一个前往边塞的机会，却不知是喜是忧。

解褐太乐丞

开元九年（公元721年）春，王维考中进士。

唐时，进士放榜是在每年的正月或二月。届时，万里的春色不及黄金榜上高悬姓，车马喧喧，皇亲贵族坐车而来，达官贵人快马飞奔，只为一睹进士的镀金题名。

遥遥一看，瞬时大江南北的寒梅一树树地绽放。新科进士们在花下欢宴，王维就是其中一个，青年公子，一笑倾杯，人生快意，大抵如此。

对于喜得进士的士子来说，看到黄金榜上的题名，就如同折得了一枝春般欢喜悦颜。无论曾经多么的穷苦潦倒，往后便是前途无量，孟郊的那句“春风得意马蹄疾，一日看尽长安花”便是对及第士子心情的最好诠释。

王维二十岁中进士正所谓是“少年得志”，唐朝科举考试的录取率是科举时代中国各朝中最低的，进士科录取名额每次仅三十人左右，就如唐李山甫诗“麻衣尽举一双手，桂树只生三两枝”那般严格，为避滥竽充数。

这个时期的王维，多写游侠诗、边塞诗还有政治感遇诗，充满对政治功名的向往，有儒家“达则兼济天下”的志愿。

新丰美酒斗十千，咸阳游侠多少年。

相逢意气为君饮，系马高楼垂柳边。

出身仕汉羽林郎，初随骠骑战渔阳。

孰知不向边庭苦，纵死犹闻侠骨香。

——《少年行》（前二）

这首游侠诗描写了一群急人之难、豪侠任气的少年英雄。王维对这些游侠的意气进行热烈的称赞，也表达出这个时期他对政治抱负和人生理想的强烈追求。

诗以“美酒”起兴，那是一斗价值十千金的新丰美酒，语出曹植《名都篇》的“归来宴平乐，美酒斗十千”，最好的新丰美酒纵饮出少年的侠义风骨。

以酒提气的还有与王维同年而生的李白，他的酒一饮就是“三百杯”，饮出人生得意，醉成酒中仙。而今，金庸先生也以“酒”去提升乔峰的英雄气概，煮酒会英雄，古今长存也。

王维笔下喝酒的是出没于五陵的游侠，即京都侠少，或是司马迁游侠列传中的“闾里之侠”，他们多半是少年英雄，既可以把骏马拴在酒楼下垂柳边，在高楼之上痛饮三百杯，亦可以驰骋沙场，舍身报国。

这首诗歌节奏张弛有度，吟起来有轻爽流利之风，吟诵之间，少年游侠的形象跃然眼底，亦可窥出那个刚中进士，立志报国的青年才子。

同年，王维好友綦毋潜落第，在其还乡之时，王维曾留诗《送綦毋潜落第还乡》：

圣代无隐者，英灵尽来归。
遂令东山客，不得顾采薇。
既至金门远，孰云吾道非。
江淮度寒食，京洛缝春衣。
置酒临长道，同心与我违。
行当浮桂棹，未几拂荆扉。
远树带行客，孤城当落晖。
吾谋适不用，勿谓知音稀。

古时候，及第的士子当然人生得意，而落第的士子的处境更多的是无奈。

一年又一年，春天一回，几人得意几人悲！

綦毋潜科考落第回乡，王维写诗慰藉和劝勉他，但更多的是对他的信任，字字句句充满希望。

他说，政治清明的时代不需要隐者的存在，有能力的士人应当出来为朝廷服务，造福百姓。这是刚刚入仕的王维对天下科考举子的鼓励，更是对好友綦毋潜的鼓励。他劝慰好友，不需要去效仿伯夷、叔齐隐居首阳山，日日采薇为食；落第还乡不过是纯属偶然罢了，尽显乐观昂扬的心态。

好友还乡，他们在长安城外设酒为他饯别，知己好友饮酒话别。王维还关切地希望好友平安渡过江淮，回家后好好度过寒食节，缝好春衣，待来年再战长安。

这首送别诗，吟起来有一种“温柔敦厚”的感觉，这与盛唐诗人自信而平静的心态有关。诗中叙事、写景和抒情反复曲折，虽是送别落第好友，却无一点怨天尤人的感觉，更多的是信心。

江淹《别赋》中云：“黯然销魂者，唯别而已矣！”可王维的送别诗却写得浑厚大雅，怨尤不露。这和王维的个人性情也有关，王维自小生活在奉佛之家，素来性情温和，绝不会因进士及第而忽视好友落第的悲伤情感，他在诗中反复鼓励好友不要灰心，通情达理，款款温厚。

这个时期，王维的诗风呈现“哀而不伤，温柔敦厚”的风格，具有一种明和通达的雅正之气。

世事就是这般奇妙，綦毋潜真的如同王维所愿的，大约在开元十四年（公元 726 年）进士及第。

开元九年（公元 721 年），王维如愿在长安担任太常寺下太乐署的官职太乐丞，太乐丞从八品下，是掌管朝廷礼乐事宜的官员。

他虽然精通音律，未必会甘愿做一位掌乐之官。这个时期的他，心中充满了热情，一心想着报效国家，热衷边塞。

是年，二十岁的他在长安写下一首七言歌行体边塞诗《燕支行》：

汉家天将才且雄，来时谒帝明光宫。万乘亲推双阙下，千官出饯五陵东。

誓辞甲第金门里，身作长城玉塞中。卫霍才堪一骑将，朝廷不数贰师功。

赵魏燕韩多劲卒，关西侠少何咆勃。报雠只是闻尝胆，饮酒不曾妨刮骨。

画戟雕戈百白寒，连旗大旆黄尘没。叠鼓遥翻瀚海波，鸣笳乱动天山月。

麒麟锦带佩吴钩，飒沓青骊跃紫骝。拔剑已断天骄臂，归鞍共饮月支头。

汉兵大呼一当百，虏骑相看哭且愁。教战虽令赴汤火，终知上将先伐谋。

这首诗以刚健之笔，全景式地正面描写了将军出征、行军、战斗、获胜的全过程，展现出一个个或紧急或悲壮或激烈的场面，歌颂诗人心目中的将军形象。

“燕支”为山名，汉武帝时期，将军霍去病曾率领三军出陇西，过燕支山（焉支山，后同）千余里，最终伐匈奴获胜。因此，王维把这首歌颂将军出征胜利的歌行命名为《燕支行》。

王维在诗中展现将军行军前后的练兵和沙场用兵的情况，展现“汉家天将才且雄”的智勇双全的形象。

这首诗不单单是一首边塞诗，豪迈昂扬的诗风还展现了王维这个时期的理想状态。在他眼里，边塞是雄浑壮丽的，而雄姿英发、一马当先的将军更是他理想中的将军形象，他渴望能够如同将军一般建功立业。

王维是盛唐边塞诗人的先驱，特别是大漠行军的恢宏气象令人惊叹，军事意象更是壮丽灵动。可惜，这首《燕支行》虽然写得刚健奔放，结构宏大，却稍逊于后人岑参的《白雪歌送武判官归京》。或许，因为刚刚步入仕途的他，缺乏边塞生活的体验，更不曾有血战沙场的经历。

“孰知不向边庭苦，纵死犹闻侠骨香”，正如他所说，谁不知道奔赴边疆从军的艰苦和危险呢？纵使战死沙场，亦能留下侠骨芬芳！

也许，上天经不得他一再心心念念想着沙场生活，羡慕敬佩百战的将军，不久之后，他得到了一个前往边塞的机会，却不知是喜是忧。

谪去济川阴

开元九年（公元721年）秋，王维因太乐署中有伶人舞黄狮子犯忌，而受到牵连，被贬去济州任司仓参军。

这或许与王维曾经与皇亲岐王等人交结有关，自古帝王精于制衡之术，对于有皇位继承权的皇亲大多采取“禁约诸王，不使与群臣交结”的政策，处处严防兄弟越权的行为。这个时期，与亲王有交往的官吏轻者贬、流，重者杖死，因此，王维这个皇亲之友受到牵连也不足为奇。

贬谪，对于一心想报效国家干一番事业的王维来说，是一个很大的打击。是年，在落叶纷飞的秋天，王维带着对前途的迷茫离京，在前往济州上任时他写了一首《初出济州别城中故人》与友人辞别。

微官易得罪，谪去济川阴。
执政方持法，明君照此心。
闾阎河润上，井邑海云深。
纵有归来日，各愁年鬓侵。

若论“诗可以怨”，那么王维的抒情讽喻可从第一句，“微官易得罪”开始，“易”之一字实属可怜，他虽中进士，但只是担任太乐丞这个小官罢了，就凭官微，动辄得咎。当时，姚崇卒，张说为相，据说张说与史学家刘知几不和，刘知几的儿子和王维也遭牵连贬谪。

王维的这首诗语调凄怆，寄情却婉转，他婉言而说，升官贬谪这些事情都是执政者依法办事罢了，圣明的君主并无贬斥之心。即使是暗下讽刺，也写得极其忠厚，字里行间写得含蓄深至，怨而不怒。

他所去的地方是济州，在济水之南，在他想象之中，济川的村落在黄河浸润的岸边，城镇的上空海云浓深。或许，那儿并没有那么糟糕。

只是，王维遭逢贬谪时才二十岁，正是踌躇满志之年。然而，一朝贬谪，“纵有归来日，各愁年鬓侵”。

这一去，归期未有期！

诗中虽言遭逢贬谪的怨愤和归期难料的愁苦，也有对未来的期望，并非绝望心灰意冷之作，而是曲折委婉，心怀希望。

王维孤身面朝西南，他将要去的地方在济州，去之时，他不怨明君，不怨世道，远眺济水。他想，今日一别，背对京城，下了东京洛阳，此后，再无长安交游的畅快，笙歌终究要消散了。

他赴济州上任时，途径郑州留诗《宿郑州》：

朝与周人辞，暮投郑人宿。
他乡绝俦侣，孤客亲僮仆。
宛洛望不见，秋霖晦平陆。
田父草际归，村童雨中牧。
主人东皋上，时稼绕茅屋。
虫思机杼悲，雀喧禾黍熟。
明当渡京水，昨晚犹金谷。
此去欲何言，穷边徇微禄。

晨曦辞别了洛阳好友，舟车劳顿直到傍晚才到郑州投宿稍做歇息。刚到异乡没有知己好友，一种孤苦的情感油然而生，唯有身边的童仆觉得异常亲切。

到了这里，洛阳城即便是远眺也无法看见了，阴雨连绵使人不觉感染几许伤悲。碧绿的旷野，在细雨蒙蒙的笼罩之下，村头的农民荷锄而归，而农家就被碧绿的庄家农田包围着，宛如一幅自然画卷。

不知不觉之间，秋虫鸣叫声伴着机杼声传入耳中，甚是热闹，带着稻谷边上喧嚣的雀鸟声，让人不觉意识到这是一个收获的时节。

在孤苦的旅途中，王维以平和白描之笔把郑州村落的自然景物写入诗中，写景入微，描绘了一幅恬淡的乡野之图。诗画相交融，达到“诗中有画，画中有诗”的自然之境。

虽用恬淡平和之笔，但想来，他的心是苦楚的吧！

无论是朝辞故人，夜宿异乡，还是欲说无言，去偏远的地方任官，只不过是想挣一份薄禄罢了，他还有老母幼弟要养，宦海沉浮又有什么可说。

夜宿郑州后，王维一行早上就泛舟行至荥阳界，一路泛舟，一路把荥阳所见的地理风俗以及风光写入诗中，犹如一幅幅画卷在人眼前翻过。

从郑州到荥阳，王维的心情由郁闷转向平静，看着这热闹的景象，他的心情也有了细微的变化。

船过荥阳，行至汴河，王维一行先往附近的千塔寺稍做停留。当时恰逢佳节，舟车暂停，在鸡犬相闻、桑榆掩映之处，他领略着四周清幽的景色，心中那愤懑之情早已消散了。

不久之后，由黄河泛舟而下，济州就快到了。行到黄河时，王维后来有诗《渡河到清河作》描绘了当时舟过黄河的景象：

泛舟大河里，积水穷天涯。
天波忽开拆，郡邑千万家。
行复见城市，宛然有桑麻。
回瞻旧乡国，淼漫连云霞。

那人青衫翩然，扬帆行船到黄河之上，眼看秋水汇聚远接着天涯，就在水天交接处，豁然出现繁华的万户人家，顺流而行，城镇远去，紧接着是郊外触目碧绿的桑麻。

再回首，长安洛阳已消失，只见波光浩渺，不见故人来。

全诗格调明朗，从不同的角度描绘黄河的景象。有扬帆前行的壮观，有桑麻万户的喧与静，亦有“淼漫连云霞”的磅礴峥嵘，更有“回瞻旧乡国”的思乡心切。

王维十五岁入长安，如今辗转来到了济州，他对济州的一切都是陌生的，而远去的长安旧景却格外熟悉。

在长安的时候，他曾与岐王等皇亲有交往，曾经一同踏歌而归，笙歌无歇。后来，他擢进士，担任太乐丞，因有官职在身，再也不便与皇亲交往。

若论“达则兼济天下”，他还没能好好干一番事业，就被贬离京城，在偏远的地方重新开始，但愿能造福一方。

在济州的新生活，他会遇见不同的人，处理不同的事，每一天都是新的，只是，在他内心深处，他终究是想回到长安。

不然，他怎会在离京的那一天叹道，“纵有归来日，多愁年鬓侵，”即使年华冉冉老去，他都会盼望着归去的那一天。

刚来怎好说归去，济州的生活对于王维来说，又是怎样的呢？他在济州任上又演绎了多少传奇？

任司仓参军

开元九年（公元 721 年）秋，王维跋山涉水来到济州任司仓参军。济州在唐代隶属河南道，而王维所任的司仓参军被称作仓曹参军事，应归为判司，主要负责公廨、度量、租赋、征收等事物的管理。

由此可以看出，王维所任的这个官职与他的诗人才情有所出入，这次的贬谪生活对他的诗歌创作必定产生重要的影响。

王维在贬谪去济州的路上，心情是“微官易得罪”的愤懑。到济州任上，王维悲愤的情绪逐渐平和，是看过千山万水后的心旷神怡，也是被济州的风俗民情所陶冶。王维到了济州后的日常生活，我们可以从这首《济州过赵叟家宴》中窥见些许。

虽与人境接，闭门成隐居。
道言庄叟事，儒行鲁人余。
深巷斜晖静，闲门高柳疏。
荷锄修药圃，散帙曝农书。
上客摇芳翰，中厨馈野蔬。
夫君第高饮，景晏出林闾。

王维居住的地方远离京城，虽然有很多邻里，每天都要接触很多人，但关上门就可以过上隐逸者的田园生活。日日看看那深巷的夕阳西下，看那晚霞透过稀稀疏疏的高柳，感受这静美的田园风光，也是很美好的。

王维到了济州很快就入乡随俗，有一次他去邻里赵翁家做客。赵翁是个勤劳的人，日常不是荷锄修理药圃，就是看看书、晒晒书，从他的生活中可以看到田园情趣。在这次宴饮中，王维体验到了与繁华京城不一样的精彩，这里的宴饮不如说是田园邻里的平常做客，没有琼浆佳肴，只有从田野里采摘的新鲜果蔬。

这一切虽不及长安的浮华，可这邻里朴实之情也确实让王维向往。

司仓参军这种官职于升迁来说希望渺茫，但在社会下层，王维能够了解到更多的风土民情，也丰富了诗情。

开元十三年（公元725年），唐玄宗东巡去泰山封禅，途径济州。无论是对百姓还是当地官员来说，能够一睹皇帝的尊容都是极其荣幸的事情。可济州虽然地广，却贫瘠人稀，怕是难以供应唐玄宗一行的安置开销。为此最愁的就是当地的官员。

这时正是裴耀卿任济州刺史，王维则在他的手下担任司仓参军一职。皇帝要来了，可官府却没有钱招待，如何是好呢?最直接的做法就是急敛暴征，搜刮民脂民膏。可裴耀卿没有这样做，他和官员商议之后，决定上书，指出泰山封禅是为民祈福，可为了壮大场面而去强征赋税的话，那结果就是“人或重扰，则不足以告成”。

在这次泰山封禅的活动中，裴耀卿既接待了皇帝，又没有过重地剥削百姓，因此得到了唐玄宗的赞赏。

开元十四年（公元726年）秋七月，黄河泛滥成灾，裴耀卿带领王维等人亲到灾区督促修建堤坝。在救灾期间，他们一行起早贪黑，都顾不上吃饭和休息。

在救灾期间，朝廷下诏迁有功的裴耀卿为宣州刺史，可裴耀卿怕他离开后工程受阻，因此把诏书藏起来继续和官民一起救灾。裴耀卿爱民为民的这些事情王维都看在眼里，在裴耀卿离开济州赴宣州任时，王维为裴耀卿写了《裴仆射济州遗爱碑》为其歌功颂德。

夫为政以德，必世而后仁……维也不才，尝备官属，公之行事，岂不然乎？维实知之，维能言之。况夫妇男女，思我遗爱者，吟咏成风；耆艾人吏，愿颂清德者，道路如市……

正所谓近朱者赤，王维为官以裴耀卿为模范，主张为政以德。

裴耀卿也是河东人，和王维是同乡，在济州任职期间和王维在做官处事和诗文方面多有交往。王维先裴耀卿来到济州，可晚于裴耀卿离开济州。在济州的几年里，王维的生活起伏不大，多了几分宁静，少了几分浮躁。

开元十二年（公元724年），王维的好友祖咏中了进士，并在这年秋天放外任东州，祖咏在赴任时途径济州与王维会晤。王维很热情地款待了他，并写诗《喜祖三至留宿》以记。

门前洛阳客，下马拂征衣。

不枉故人驾，平生多掩扉。

行人返深巷，积雪带余晖。

早岁同袍者，高车何处归。

那“洛阳客”就是祖咏，王维年少时就曾同祖咏一起同袍吟诗，他的到来让久闭的柴扉打开，让冷冷的积雪带着余晖的温暖，祖咏的到来给王维孤寂的生活带来了光芒。

祖咏和王维“结交二十载”，契阔不浅。祖咏也是个极有才情的诗人，他到长安参加进士考试时，应试的题目叫《终南望余雪》，要求是要写一首六韵十二句的五言长律诗。但是祖咏却写了，“终南阴岭秀，积雪浮云端。林表明霁色，城中增暮寒”四句，与命题要求不符，可他却言：“意尽也。”

祖咏就是这样一个固执而有才情的诗人，王维为他写诗一首《喜祖三至留宿》后，祖咏也留诗《答王维留宿》与王维对吟。

四年不相见，相见复何为。
握手言未毕，却令伤别离。
升堂还驻马，酌醴便呼儿。
语嘿自相对，安用傍人知。

两人相聚，喜不自禁，这四年来不曾相见同吟，如今相聚了该说些什么，做些什么。两手交握，话还没说完又想到很快就要别离了，默言相对，旁人又怎会知道这其中的情真意切。

很快，祖咏就辞别王维离开济州东去，真是相见时难别亦难，王维为他送别，一送就送到了齐州。这时，依依不舍的王维赋诗《齐州送祖三》赠别。

相逢方一笑，相送还成泣。
祖帐已伤离，荒城复愁入。
天寒远山净，日暮长河急。
解缆君已遥，望君犹伫立。

“相逢方一笑，相送还成泣”，这其中不语一言，却无穷意境。王维被贬济州远离长安，难得昔日好友路过此地前来相聚，相见时展颜欢笑，可旋即他又要匆匆离别，这一笑一泣间，叹多少聚短离长。“方”这一字，“还”之一字，传递了多少遗憾，感情就有多真挚深厚。

在饯行的帐幕里已觉离别甚苦，两人皆是契阔不浅，离离散散终将是天涯沦落人，他的愁也入了这荒城。

不觉间，看到远山的明净，原来已是深秋。一路畅谈，竟也到了日暮时分，江水越发湍急。

那解缆而去的船只载着自己的友人一下子就到了天际，这船怎能走得这般急，缓缓而行倒成了奢望。唯有他还在久久伫立，远望不息。

那情景，不觉怆然而涕下！

这首诗重在叙别情，语言自然朴素，就“天寒远山净，日暮长河急”一句就让王维成了白描高手，那不经意的勾描，不染色而意境备至。

裴耀卿走了，祖咏也离开了济州。王维在济州任上的这几年间，曾游历齐、鲁、冀一带，与他交游的有云游五岳三岛、行天缩地、法术高超的道家，也有侠肝义胆的贤者，更有隐者、庄叟等。在他的诗文中曾有记载他的交游经历，如《济上四贤咏三首》《赠东岳焦炼师》《赠焦道士》等诗篇。

正所谓“达则兼济天下，穷则独善其身”，王维在济州所过的生活大多是恬淡闲适，这求道觅佛也是情理之中。

开元十四年（公元726年），按照唐制，地方官大多任期四年，四年期满之后王维就结束了在济州的任职，准备归京接受新的任命。

他离开济州时正是寒食节前后，顺水路而行，船到广武城时，王维留诗《寒食汜上作》：

广武城边逢暮春，汶阳归客泪沾巾。
落花寂寂啼山鸟，杨柳青青渡水人。

船行至广武城边突然落泪，为何会突然落泪，难道是因为逢着“暮春”，还是因为“归客”的身份？

回去的时候正是暮春时节，百花飘零，落花纷飞。这片片无依无靠，随风飘落的落花不正是自身的写照？此次回去，前途未卜，谁又知道回到长安之后等着自己的会是什么？任用、闲置两不知。

身为归客的自己，只是一个孤寂的贬谪人，这次从济州回长安，看这落花阵阵，单单为这匆匆而去的光阴就有理由伤感。那声声山鸟的啼叫，衬得这落花更加寂寥。这青青杨柳本是生机勃勃的欢乐，却不想内心的孤寂更加寂寥。

从王维的诗歌创作生涯来说，在济州这个时期写的诗逐渐形成自身独特的风格。他更加善于营造清幽雅致的意境，把内心的孤寂和空灵的意境巧妙地结合起来。这几年的贬谪生活为他后期的诗歌风格的成熟奠定了基础，这空灵的意境是用他人生的经历磨砺而来的。

屏居淇水上

开元十五年（公元 727 年），二十六岁的王维官任淇上，曾留诗《偶然作》：

其三

日夕见太行，沉吟未能去。
问君何以然，世网婴我故。
小妹日成长，兄弟未有娶。
家贫禄既薄，储蓄非有素。
几回欲奋飞，踟蹰复相顾。
孙登长啸台，松竹有遗处。
相去讵几许，故人在中路。

爱染日已薄，禅寂日已固。

忽乎吾将行，宁俟岁云暮。

淇上在今河南北部，当年王维曾在靠近淇水的地方建了居所，并且住了下来。这里背山面水，桑林遍野，虽有山野之乐，他却陷入了进退两难的境地。

太行、松竹、长风这些都是王维沉吟想去享受的事物，只是“世网”难逃，小妹还未长大，弟弟尚未娶妻，家里贫寒已久，虽有想要逃离官场、振翅飞翔的雄心，也不由得徘徊相顾。

“爱染日已薄，禅寂日已固”，世上一切的贪爱都是生活上不得解脱的重要原因，那洁净的本性也会受到世俗情欲的感染，毕竟王维首先是世俗的一个人，然后才是一个潜心修佛的人，纵使脚踏莲华，也难免有爱染之心。

出世入世对于早年的王维来说，分得很清楚。十五岁去长安不就是为了开阔视野闯一番事业吗？在他早期的诗歌中多吟诵英雄情怀，如《少年行》四首中，有“相逢意气为君饮”的豪气，有“纵死犹闻侠骨香”的壮志，亦有“纷纷射杀五单于”和“高议云台论战功”的立业建功之志。

只是贬谪济州的几年，不知消磨了他的多少豪气，四年后他回到长安，又未曾料到竟会被派到淇上做一个微不足道的小官，他的心中多少是存在不满之情的，他甚至产生了归隐的念头。

开元十六年（公元 728 年），这一年王维正好二十七岁，正值盛年，这时他却弃官隐于淇上，期间有诗《不遇咏》：

北阙献书寝不报，南山种田时不登。
百人会中身不预，五侯门前心不能。
身投河朔饮君酒，家在茂陵平安否？
且共登山复临水，莫问春风动杨柳。
今人作人多自私，我心不说君应知。
济人然后拂衣去，肯作徒尔一男儿！

淇水川流不息，隔岸袅袅炊烟，山风送爽来，王维负手立于窗前，推窗看那满山碧绿，却满腹思绪。

先前向朝廷上书建言陈述政见却没有得到答复，如今躬耕田野却遇天时不顺没有好的收成，在冬天来临前面临着衣食无着的境况。念起往昔在长安的时候，和皇亲一同饮酒静看落花，笙箫不归的情景。现如今朝廷的盛会他是不能再参加了，他用汉成帝同日封其舅王谭等五人为侯的典故，表明自己就算困顿沦落也不愿阿谀权贵的信念，这也点明了自身“不遇”的境地。

且看那落魄的诗人，远游河朔，寄居友人家，如此远游他乡，心中除了生活的忧思，还有那深沉的思乡之情一直萦绕心头。春日融融，隔着这千山万水，也不管那是风动，还是杨柳依依，但愿能向长安聊寄一枝春。登山临水，思乡遣怀，原来，失意竟是这般凄楚。

纵观古今，人对世事的抱怨从来就有。有些人酒后吐真言，有些人痛哭诉情，可王维却静静地看着这山色苍茫，说出这喧嚣之语，若非历经沧桑，又怎会有这般的冷静？

一句“我心不说君应知”还不够，他还要说出自己心中的理想。他希望先经世致用，然后再功成身退，隐居礼佛，这才是大丈夫所为。即使如今潦倒失意，他又怎么愿意一辈子平庸无为，即使在壮志难酬之下，他还是对建功立业有着积极的态度。

愿望是美好的，可王维现在的境地却是还未功成名就就先退隐淇上。在淇上生活的那段日子，多是与桑麻邻里终日为伍，心也平和了些许，从他当时所作的《淇上田园即事》这首诗中可以看到他的隐居生活。

屏居淇水上，东野旷无山。

日隐桑柘外，河明闾井间。

牧童望村去，猎犬随人还。

静者亦何事，荆扉乘昼关。

这首诗体现了王维诗歌的风格之一，“诗中有画，画中有诗”，描绘了淇上小村庄的恬静风光，也表达了王维当时隐居的恬淡心情，那种心情与田园山水融合在一起，也是王维的世外桃源。

王维隐居在淇水边上，那里东面平坦辽阔，每逢夕阳从桑榆树身后落下时，村庄里面的河流就会闪闪发光。这会儿牧童也该骑着牛从田野回来，猎狗跟在猎人背后摇尾而归。

那夕阳西下的情景是多么动人，“隐”字把夕阳写活了，还有那“明”字充分把阳光照耀下的河面写得更加生动。

“静者亦何事，荆扉乘昼关”，诗中的“静者”多指多习清静之道、超然恬静的隐士及僧侣或道徒，在这里王维用“静者”暗指自身。夕阳西下，农人归来，这与自己何关，趁着天尚未黑就关起了柴扉。或许这无所事事也暗含怀才不遇的感慨，或许更是看透世事得来的恬静。

诗中，王维用诗勾勒出了一幅恬静优美的田园画卷。画卷中有辽阔的东野，那是一望无垠，当夕阳隐藏在桑林之间时，霞光斑斓穿过树影倒映在河面上，闪闪发光。这时他在画中添加了从田野归来的牧童，从山林归来的猎人和猎狗。当然，还有那无事掩门扉的静者，给画卷添加了几缕静谧，把温馨的田园写得更加澄净。

王维已经有意识地为他的田园诗创造了禅境，即便他有儒家积极入世的思想。历经波折后，禅思成为他排遣内心不平的精神源泉，在这山水田园中，他为自身创造了洗涤心灵的恬静家园。

送别孟浩然

王维在淇上隐居一年有余，开元十七年（公元 729 年）赴长安。初到长安时他到大荐福寺的道光禅师那里学习顿教，并在这个时候结识了诗人孟浩然。

当年王维所到的大荐福寺是由武则天所建，这座寺庙北与皇城相邻，西靠长安城的朱雀大街，四周交通便捷，居繁华之地。这样的地理位置也便于达官贵人到此礼佛观景，当年唐中宗就曾常来荐福寺抄写经卷。

王维在跟随荐福寺的道光禅师学习佛法时，曾写了一篇《荐福寺光师房花药诗序》，序中描写了荐福寺的异卉奇药，寺院中的僧人以众花为佛事，他认为道是无处不在的，物何足忘，所以他写下这篇序来歌咏荐福寺的花药。

荐福寺绿树成荫，花团锦簇，湖面有着田田的莲花，白鹤飞翔，伴随着木鱼声阵阵，香火缭绕，好个清雅的修道之地。这也是吸引王维一回到长安就前去学习顿教的原因。当然，不独是王维，当时的文人墨客都喜欢到这里游赏、吟诗和品茗。

就在这个人间仙境，王维与孟浩然赋诗作画，相交甚欢。

开元十六年（公元 728 年），孟浩然在长安应试，不幸落第。第二年冬天，他决定返回襄阳，王维作诗《送孟六归襄阳》为之送别。

杜门不复出，久与世情疏。
以此为良策，劝君归旧庐。
醉歌田舍酒，笑读古人书。
好是一生事，无劳献子虚。

王维在和孟浩然相交的那段日子里，得知孟浩然原本长期住在涧南园，直到年近四十岁才走出家乡去长安考进士。想来他这次应试不中定会心生苦闷，作为友人的王维能够劝慰的就只有按照自身的经历来劝他宽心回去隐居，不必为了世俗之事而苦闷。

回去也好，从此寄情山水，醉酒吟诗，忘却这让人欢喜让人悲的官场。好一句“劝君归旧庐”，写得情真意切。

诗中的“旧庐”就是孟浩然的本宅涧南园，它坐落在襄阳郊外的岘山附近。孟浩然的涧南园情结很深，也因为他眷恋乡里的风土人情，才造就了他“骨貌淑清，风神散朗”的气质性格。

王维劝他回到涧南园生活，也是想他能够重获信心，毕竟当年孟浩然曾在远离官场时写出“微云淡河汉，疏雨滴梧桐”这般“清绝”的好诗。王维相信，孟浩然这个人应当像他的诗“秋空明月悬，光彩露沾湿”般纯净明朗，不受世俗污染。

回到旧庐有什么不好，除了能欣赏到涧南园优美的风景外，还能整日沉醉在农家自酿的黄酒中，再邀三五好友一同吟诗品茗，岂不美哉。茶余酒后，再来细细研读圣人先哲的书籍，这样过着的每一天，即使不问世事也能怡然自乐。

若是能把这样的生活当作一生的爱好，并且乐在其中，那也是一种成就。至少以饮酒作诗为主的隐居生活，也就不必为了宦海沉浮而奔波劳累，这或许也是王维所向往的人生，不然他也不会在盛年就隐居在淇上。

孟浩然即将离开长安时，留诗一首《留别王侍御维》作为赠别。

寂寂竟何待，朝朝空自归。

欲寻芳草去，惜与故人违。

当路谁相假，知音世所稀。

只应守寂寞，还掩故园扉。

孟浩然认为，他一个落第士子，并不会有人来欣赏，既然如此落寞还需要等待什么呢，唯有独自孤单地回去。

此后回到襄阳，一心归隐确实也是一条明路，只是这才相识不久又要和好朋友分离，心中多有不舍。

王维当时念着孟浩然留给自己的诗，心中亦是依依不舍，可是有什么办法呢？全因“当路谁相假，知音世所稀”一语道破玄机，他不回去又能怎么办，世态炎凉，怨怼、愤懑过后还是要回到襄阳隐居。因为没有当权者提携，而世间的知音人也太少了。

舟发襄阳，回到涧南园，掩上故园扉，或许会发觉铩羽而归并没有那么悲哀，远离了官场还能效仿陶渊明饮酒作诗，带月荷锄归，好不惬意！

王维看着这首字里行间流露着怀才不遇的嗟叹诗语，顿觉辛酸，这些他都经历过，个中失意他懂。

不过，也有人认为这首《留别王侍御维》中的“当路谁相假，知音世所稀”是孟浩然埋怨王维的意思，认为当初孟浩然失意是王维不肯为他引荐。关于他们的事情，还有一个“转喉触讳”的故事。

孟浩然生于盛唐，早年有经世之志，可惜仕途不顺，最后隐居鹿门山修道终身。相传当年他游历长安时，王维对孟浩然写的省试诗句“微云淡河汉，疏雨滴梧桐”甚是称赞，反复吟咏。

有一天，王维邀请孟浩然到他的府上诗歌唱和，不料皇帝突然到来，孟浩然震惊之下藏在床底。而皇帝在外时就已经听到房内有人在和王维唱和，所以当皇帝问起来时，王维只好如实回答。孟浩然出来之后，应召现场作了一首诗《岁暮归南山》。却不想因为这首诗，他犯了“转喉触讳”。

北阙休上书，南山归敝庐。
不才明主弃，多病故人疏。
白发催年老，青阳逼岁除。
永怀愁不寐，松月夜窗虚。

皇帝听了这诗怒回了一句，“卿不求仕，而朕未尝弃卿，奈何诬我？”

因为这件事情，孟浩然被放归南山，终身不仕。

也因为这件事情，有人责怪王维没有帮助孟浩然。其实关于这事也不能责怪王维。况且，关于“转喉触讳”这个典故，在历史上有四种记载：王维说，李白说，李元绂说，张说说。

也就是说，这个故事的主人公并不确定，当时在场的或许不是王维，有可能是孟浩然的好友李白，或是李相李元绂，抑或张说。

无论故事的真相是什么，孟浩然最终还是踏上了返乡之路，一路山清水秀，鸟语啾啾，那首《送孟六归襄阳》成了沿途歌，声声不息。

君自故乡来

君自故乡来，应知故乡事。

来日绮窗前，寒梅著花未？

——《杂诗三首》（其二）

开元十九年（公元731年），唐玄宗巡东都洛阳，高力士影响朝堂，此后宦官势力日盛。这时李白在长安求荐不成，潦倒滞留洛阳。

这一年王维三十岁，正是而立之年，也就是在这一年，他的妻子亡故了。

王维擅诗，工画，晓乐，是个难得的俊朗才子。想来，他的妻子定是一个绝代佳人，可惜此后再无人在渡口盼着来往的船只，等候着长久不归的他寄回去的家书了。

当年，王维远离他乡时，曾有诗语，“来日绮窗前，寒梅著花未”？他以诗代信，问家乡的寒梅开了没，其实何曾不是在问候家中的妻子可安好。

从这首诗中我们能够看到其中的相思之情，寒梅已开，春天亦来，良人何时归？

最让人感动的，就是诗中刻骨的相思。

遗憾的是，至亲至爱的人已去，此间再无人回答他，寒梅绽放，君可归来！

红颜已去，这些年怪他潜心诗书佛理，身担案牍劳形，家中的重担几乎全落在她肩膀上，如今想来涕泪纵横。

王维的妻子逝去之后，不再娶妻，有人猜测有两大原因：一是王维对他的妻子感情至深；二是王维笃信佛教。

自妻子去世后，王维孤居三十年，这期间他过着僧人般的生活，经常在室内独坐冥想或是诵经。

王维妻子去世一年后，他以布衣的身份到蜀地游历，离开了长安伤心地。恰巧在这一年，杜甫开始漫游吴越。

在入蜀途中，王维曾有过一次循着陕西勉县之东的清溪进黄花川游历，这段路程极其曲折，蜿蜒别致，漫游时曾留诗《清溪》记录旅途所见。

言入黄花川，每逐清溪水。

随山将万转，趣途无百里。

声喧乱石中，色静深松里。

漾漾泛菱荇，澄澄映葭苇。

我心素已闲，清川澹如此。

请留盘石上，垂钓将已矣。

王维把这条清溪的景色用笔一一勾勒出来，每次进入这黄花川游览，他都会去追逐那条幽静的清溪，溪水清澈见底，顺着蜿蜒的山势千回百转，水声在乱石中激越喧嚣，而这水色山光却更显幽静。

他啊，不过是一心向闲，想的不过是这一生如这溪水般清澈淡泊。若是一生能留在这溪边的磐石上静静垂钓，这样也不算太糟。

这清溪在他的笔下，有声有色，格调淡雅，抒情自然，可诗中的韵味却隽永醇厚。那是喧闹与幽静的和谐，那是活泼与宁静的切合，更是身心的融合。

那是一幅很美好的画卷，有清澈百转的溪水，有蜿蜒不绝的山涧乱石，也有阵阵松涛，溪边河草青青，杂乱在巨石周边，还有垂钓的人。画到这，已然入诗！

其实，这样的清溪也不是很独特，但王维用一个“喧”字把这清溪写活了，让人读之油然而生喜悦之情。

沿着灵洁的清溪，一路走进大散关，循着深林密竹处盘曲的四五十里就能看见黄花川。

循着回环的山川，有山林掩映着丘陵，山川之中有飒飒迎风摇曳的松林。正巧他过山川时逢着细雨，细雨丝丝飘洒在松林间，山川间还有那潺潺的溪流撞击着山石。

一路上，他走累了就坐在山石上纳凉休息，看终南山绿趣正朦胧，白露霭霭。原来，这青山已被丝雨洗净，绿树郁郁葱葱，令人心旷神怡。

在溪流边洗脚时，正巧对面有钓鱼的老翁，那鱼儿嬉戏着莲叶。抬头一看那雨过天晴的天空，长风自来，吹得衣袂翻飞。

原来，这如诗如画的秀美山川才谓黄花川，过了这黄花川，王维一路往蜀地方向走去。这一路上，他悠然地回忆这一路的美妙风景，脑海中想起那圆润可爱的磐石，不觉写下了一首七言绝句《戏题盘石》：

可怜盘石临泉水，
复有垂杨拂酒杯。
若道春风不解意，
何因吹送落花来。

当年他路过泉边磐石时，那清澈灵洁的泉水上矗立着一块又大又圆的巨石。

磐石临清泉，隔岸绿杨翩跹，如同不时举起的酒杯，而那春风也是善解人意的，为这独酌的人遣来落花助兴。

在王维眼里，空山深林间，这里的流水落花皆是自然轮回，自生自灭，妙含禅理。

泉水磐石，杨柳拂杯，春风送花，它们似乎通了人识。其实，这一个个意象的跳动不过是王维的心在动，他已然陶醉在这山涧磐石的意趣之中。

这诗中“若道”“何因”四字甚妙，读之有一种清新之感，用在山水诗中看似虚浮，实则蕴藉无穷。这四字也把景物与心意连接相通，在此情此景上让人拍案叫绝。这也是王维写诗的一个特点，他善于勾勒自然中令他惊喜的景物，把它们一一付诸诗中，有画有诗，趣味横生！

在这山涧深林里，王维的心是宁静的，是高雅的。这里没有官场的倾轧，也没有人情冷暖的变幻。

这一趟漫游蜀地的时间并不长，明年暮春他将启程返回长安。

此时，张九龄任宰相，朝堂上有了新空气。王维在这时回去，以他的才华定会有不一样的时运。

第三章 不如高卧且加餐

身在山野，潜心修佛，以素食为生的王维并没有感到清苦，一碗青菰米，一钵绿芋羹，端坐听清梵，有感则写诗数言。由于受禅宗思想的影响，王维在创作诗歌时，不觉将内心的感悟付诸天地万物的意象之中，由此塑造禅境。

迢递隐嵩山

开元二十二年（公元734年），关中一带发生了严重的自然灾害，京都闹饥荒，这时的唐玄宗为宁息关中移驾东都洛阳。而王维从蜀地返回长安后，隐居在洛阳附近的嵩山。

到嵩山后，他写下了五言律诗《归嵩山作》：

清川带长薄，车马去闲闲。
流水如有意，暮禽相与还。
荒城临古渡，落日满秋山。
迢递嵩高下，归来且闭关。

嵩山，是儒、道、佛三教的策源地，对三教的形成和发展起到了极大的作用。它位于泰山和华山的中央，也被称为中岳嵩山。

那年王维回嵩山时路过清澈的河川，河川环绕着一片长长的草泽地，泽地草木丛生，而他所坐的马车正缓缓而行，他看着清清的流水，看着草木交错，整个人从容而安适。

嵩山脚下的流水若是有意，就会和这傍晚归林的鸟儿一般，结伴为他的到来而欢呼。这暮云流水鸣禽，正是他的伙伴！

从此，在这荒凉的城池边靠着古老的渡口，日日看那落日的余晖洒满萧瑟的秋山。这满目凄清的色彩之上，看见的是高远的嵩山。在嵩山隐居也好，与世隔绝，不问世事沉浮，过着这恬静淡泊的日子直到老去。

天地浩大，人是世间的蜉蝣，不如看开，看淡。所有的不平和凄苦都化为恬静淡泊。

当时王维的诗歌风格已受到了禅思影响，在塑造意境时多发澄净空明之境，用语自然，并有闲适淡泊之趣味。能够令情景双融。那暮鸟，那流水，既非他的亲人，可当他到嵩山时还是会如同迎接亲人回来一般欢唱。

他这一路走过多少古渡口，迈过多少衰草连天，才到达了嵩山。

王维回到嵩山本想闭门谢客，过隐士生活，可随着社会局势的发展，他的嵩山之隐又出现了新的机遇。

在隐居嵩山之前，王维从蜀地回到长安闲居，这时恰逢唐玄宗到东都洛阳去，王维的内弟崔兴宗将从长安赴洛阳，他写了一首《送崔兴宗》赠别。

已恨亲皆远，谁怜友复稀。
君王未西顾，游宦尽东归。
塞迥山河净，天长云树微。
方同菊花节，相待洛阳扉。

闲逸、恬静、空明可谓是王维诗中经常能够感受到的意境，而这首《送崔兴宗》就多了几分离愁别绪。

秋风飒飒，心中早已深深地遗憾亲人都在远方，谁能懂得知己好友渐少的哀痛。

玄宗皇帝还没有朝长安望一眼，官吏们也已经都去了东都洛阳。

一路远行，关塞宽广山河清净而寥远，秋高气爽，烟草茫茫，渐行渐远，云和树都变得不容易看到，慢慢在视野里消失。

这个时期，朝廷上有了新风气，具有谏官本色的张九龄被授予中书侍郎同中书门下平章事兼修国史，即宰相。唐玄宗离开长安去洛阳时，张九龄主理朝政。对此，有才之人更兴进取，连隐居嵩山的王维也产生了出仕的念头。

为此，王维写下这首诗，约定与崔兴宗到了重阳节在洛阳相聚。

是年秋，王维也赴洛阳寻找入仕的机遇，在去洛阳之前，他写了一首诗呈给张九龄，以求引荐。这首《上张令公》，是一首以五言律诗扩大而成的五言排律诗。

珥笔趋丹陛，垂珰上玉除。
步檐青琐闼，方幰画轮车。
市阅千金字，朝闻五色书。
致君光帝典，荐士满公车。
伏奏回金驾，横经重石渠。
从兹罢角牴，且复幸储胥。
天统知尧后，王章笑鲁初。
匈奴遥俯伏，汉相俨簪裾。
贾生非不遇，汲黯自堪疏。
学易思求我，言诗或起予。
当从大夫后，何惜隶人余。

诗题中的张令公即张九龄，“令公”一词，原意尊指中书令。是年五月张九龄被加中书令，因此王维称其为张令公。

张九龄为官忠耿尽职，直言敢谏，任贤用能，是一个极其有胆识及远见的政治家，为唐“开元之治”做出了卓越的贡献。

这首诗中歌颂的是张九龄主理朝政的光辉事迹。例如，在盛唐时，他提倡“王道”替代“霸道”的从政之道，以缓解社会矛盾；反穷兵黩武，求保境安民；主扶农桑，轻徭薄赋。特别是他在主张革新吏治、选贤用能方面让王维看到了希望。

所以，王维才会在诗中用“贾生非不遇，汲黯自堪疏。学易思求我，言诗或起予”这些诗句来委婉地表达请援引之意。

王维洛阳献诗张九龄后，就在洛阳附近的嵩山脚下隐居起来，这一次隐居并非消极之举，而是在等待出仕的机会。

王维虽说是隐居嵩山等待机会，但他的等待多了几分从容，因为在这期间他向当地的禅师修习佛法，留诗《过乘如禅师萧居士嵩丘兰若》：

无著天亲弟与兄，嵩丘兰若一峰晴。
食随鸣磬巢乌下，行踏空林落叶声。
迸水定侵香案湿，雨花应共石床平。
深洞长松何所有，俨然天竺古先生。

王维在隐居嵩山时，去嵩山的兰若佛寺向乘如禅师萧居士学习佛法。此诗的首联称赞禅师、居士修行之高，他们居住在清静的嵩山佛寺。

他每到佛寺修习时，路过林间脚踏枯叶发出清脆声，寺庙传来阵阵鸣磬声，乌鸦盘旋在巢下，这兰若寺是那般的清寂。

第三联以“迸水”与“雨花”两个佛教典故称赞乘如禅师和萧居士德业纯厚，以及表达自己奉禅修习之心。

身在山野，潜心修佛，以素食为生的王维并没有感到清苦，一碗青菰米，一钵绿芋羹，端坐听清梵，有感则写诗数言。由于受禅宗思想的影响，王维在创作诗歌时，不觉将内心的感悟付诸天地万物的意象之中，由此塑造禅境。

他在嵩山潜心修习佛法，在寄给弟妹的《山中寄诸弟妹》诗中记叙了他的嵩山隐居生活。

山中多法侣，禅诵自为群。
城郭遥相望，唯应见白云。

这嵩山上多法侣，他们时常相聚在一起诵禅。此山远离城都，这里只有青山与白云相伴，没有过多的尘世喧嚣。

可为帐下否

开元二十三年（公元 735 年），张九龄加封为金紫光禄大夫，累官封为始兴县伯。张九龄当年很是欣赏王维的才能，并在他任中书令时提拔王维为右拾遗，《献始兴公》就是王维出任右拾遗后所作。

宁栖野树林，宁饮涧水流。不用坐粱肉，崎岖见王侯。
鄙哉匹夫节，布褐将白头。任智诚则短，守仁固其优。
侧闻大君子，安问党与雠。所不卖公器，动为苍生谋。
贱子跪自陈，可为帐下不。感激有公议，曲私非所求。

这一年，唐玄宗依旧居于洛阳，杜甫这时也去洛阳应试，可惜没有高中。

王维当时写下这首诗寄予张九龄，是希望自己在出仕之后能够得到张九龄的提拔，可以说，这是一首壮志之作。

诗以表意，本心写起，他也曾愿栖隐在山林过着清贫淡泊的乡野生活，看那山涧流水哗啦，日食粗粮，做一世布衣，坚守气节。

可现在的世道不一样，自从他听闻别人赞扬大君子的贤明，他的心中就已经对大君子有了崇敬之意。这位大君子就是张九龄，张九龄为相时，从不结党营私，他所做的都是拯救苍生的大事，都是为百姓谋福祉的。

因此，王维虔诚地一问："可为帐下不？"

他问得那么直白，那么爽朗，进退之间，对得起自己那颗赤子之心。

当初写这首陈情诗是为了表明自己上进的心迹，希望能够为官为百姓做一些事。可他的陈情，并不是希望张九龄为自己徇私，他大大方方地表明"感激有公议，曲私非所求"，他希望张九龄出于公正而任用自己，他所做光明磊落，无愧于心，这种情感也使得这首诗的格调高亢健举、明快爽朗。

这首诗风格高亢，少了几分蕴藉，这与王维当时的心境相符。在失意时他本想隐居一生，如今有为国为民请命的机会，他也不遮不掩，而是直言心迹。在盛唐时期，士子在仕途上有着热烈的追求，更有着“虽九死其犹未悔”的决心。

在王维被任为右拾遗的那年春天，他留诗《留别山中温古上人兄并示舍弟缙》告别嵩山好友，前往东都赴任。

解薜登天朝，去师偶时哲。
岂惟山中人，兼负松上月。
宿昔同游止，致身云霞末。
开轩临颍阳，卧视飞鸟没。
好依盘石饭，屡对瀑泉渴。
理齐小狎隐，道胜宁外物。
舍弟官崇高，宗兄此削发。
荆扉但洒扫，乘闲当过歇。

诗中的“月”为臣，且是有品格的大臣，他为官，即使是正八品的小官，他也要做好。右拾遗，拾遗、拾遗，捡起皇帝的失误政策，需要刚正不阿的精神。

那年春到洛阳上任，次年冬十月，王维随着唐玄宗回到长安，回到那个笙箫繁华的地方。

到了上元节，王维奉命应制写了一首《奉和圣制十五夜然灯继以酺宴应制》以贺君臣同庆。

上路笙歌满，春城漏刻长。游人多昼日，明月让灯光。
鱼钥通翔凤，龙舆出建章。九衢陈广乐，百福透名香。
仙伎来金殿，都人绕玉堂。定应偷妙舞，从此学新妆。
奉引迎三事，司仪列万方。愿将天地寿，同以献君王。

正月十五日是上元节也叫元宵节，这一晚是新的一年里第一个月圆之夜，因此世人格外重视。

上元节这一天，君臣同庆，在宴饮中唱酬不断，是为风雅韵事。

据《明皇杂录》记载关于唐玄宗时期的元宵节的热闹情景，那日灯火通明，笙歌喧天，热闹非凡，不禁夜。街上游人来来往往，就连那月圆之夜的月光也稍让灯火三分。

在长安任右拾遗时，他和其他大小官员多有交往。

有时他会去韦侍郎的山居享受自然清静，三五知己好友一同去郊外漫游。看山花落满山谷，看那瀑布掩映之下的松山古木，时鸟在溪涧鸣叫不停，来往白云在山峰环绕，这样的生活怎不惬意。

在来往的官员中也有道友，尹愔是王维深交的一位道友，他没入朝为官时是一位道士，后来唐玄宗崇尚玄言，尹愔受到了举荐，入朝召对之后他深得唐玄宗的礼遇，遂拜官谏议大夫。

这个尹愔备受唐玄宗的恩宠，后来不但被封为正三品的金紫光禄大夫，还可以在上朝议事时身穿道袍。对于尹愔的际遇，王维心里很是羡慕，在他的诗中有这样的一句“云馆接天居，霓裳侍玉除”，诗中的“霓裳”就是尹愔身穿的道袍。

他所羡慕的不一定是他所钦佩的，王维心中钦佩敬仰的那个人依旧是张九龄。可惜的是，他还没有在张九龄帐下做什么大事，张九龄就被贬了。

张九龄是开元年间的名相，七岁善属文，入官场之后以有远见、直言敢谏闻名。也因为他不徇私枉法，不趋炎附势，敢于同恶势力做斗争，所以，他才会被奸人陷害。

早在开元二十三年，张九龄被封为始兴县伯时，李林甫就对他心生嫉妒，于是李林甫推荐牛仙客任知政事，以增长自己的势力。而张九龄则不赞同牛仙客升官中央，因为牛仙客原是河西的节度判官，虽深得军民的爱戴，在地方勤勤勉勉，但若到了中央，这样一个“目不知书”的人，又怎能为国效力。

可唐玄宗认为牛仙客在任时厉行节俭，素有政绩，想任命他为六部尚书。这时张九龄站出来反对，他认为开国以来，尚书这个职位只有德高望重的人才能够担任，可牛仙客是一个地方官，没什么才能就被升调进中央担重任是不得人心。

这时，一心想拉张九龄下台的李林甫说了一句，“天子用人，有何不可”，就让唐玄宗和张九龄二人之间心生隔阂。

后来，监察御史周子谅上奏弹劾牛仙客触怒了唐玄宗，而周子谅是张九龄推举的，所以受到牵连，被贬为荆州长史。

张九龄遭贬后，王维深感沮丧，题诗《寄荆州张丞相》以思退。

所思竟何在，怅望深荆门。
举世无相识，终身思旧恩。
方将与农圃，艺植老丘园。
目尽南飞雁，何由寄一言。

登高楼，看泗水，烟波缥缈，我所思念的人在哪里。远处重峦叠嶂，惆怅所望的还是那荆州江陵。荆州有何人？曲江张丞相也！

王维在诗中首联设疑，引出他所怀念的是被贬谪的张九龄，张九龄获罪之后，朝中的大臣为了自保，很多人都不敢再和他沾上关系，但王维并没有为了避祸而疏离恩人。

“举世无相识，终身思旧恩”，追忆往事，他十五岁入长安求仕，可仕途不顺。就如同他在诗中所说的，纵使他满腹才华，可没有人赏识又如何，那年幸得张九龄的擢升，这知遇之恩让他终生难忘。

如今张九龄在官场上遭逢不幸，被贬荆州，王维写这首诗是为了表明自己愿跟随张九龄退出官场，归隐田园的心意。

归隐山野田川，远离污浊朝廷，植园种柳，春种秋收，有何不好。

最后，他看向那正南飞的大雁，想把自己的思绪一同传递给荆州故人。可是，那鸿雁都飞走了，音信是否能寄到？这首诗以写景作尾，寄思呼应，苏轼所赞的“诗中有画”正是“目尽南飞雁”的最好诠释。

张九龄性情耿直温雅，守正嫉邪，安史之乱时，唐玄宗仓皇入蜀，这才想起张九龄对安禄山的评论：“貌有反相，不杀必为后患”，方痛哭悼念。

后来，凡是有人向唐玄宗推举人才时，他都会问一句：“风度得如九龄否？”

出使凉州城

开元二十五年（公元737年）四月，张九龄被贬荆州，曾受过张九龄提拔和器重的王维遭到沉重的打击。刚出任时，王维政治热情高涨，现如今忠耿尽职的人却被贬，让他对这仕途又一次产生了迷茫，他想要归隐田野。也就是在这时，却又有了另一番出路。

这时，边塞传来捷报，河西节度副大使崔希逸在青涤西大破吐蕃军。唐玄宗命王维以监察御史的身份出使凉州，出塞慰问将士，察访军情。在出使凉州期间，王维作了一首《使至塞上》：

单车欲问边，属国过居延。

征蓬出汉塞，归雁入胡天。

大漠孤烟直，长河落日圆。

萧关逢候骑，都护在燕然。

西北高空上随风翻飞着枯蓬，北飞的大雁角逐云天，那随风远去的蓬草不正是王维自身吗？此时的他也出了这汉塞，如北飞的大雁那般飞入唐军占领的北方。就算是身负朝廷使命，也有身世飘零之感。

“大漠孤烟直，长河落日圆”，这千古名句，读起来朗朗上口。在《红楼梦》中，香菱学诗情节里有那么一说，“‘大漠孤烟直，长河落日圆’，想来烟如何直？日自然是圆的。这‘直’字似无理，‘圆’字似太俗。合上书一想，倒像是见了这景的。若说再找两个字换这两个，竟再找不出两个字来”。这也道破了这句诗的妙境。

诗中大漠的“大”正好能形容边疆沙漠的浩瀚无边，本来边塞该是荒凉的，且万里黄沙没有什么奇观异景，可那一阵阵升起的烽烟在黄沙万里之中显得格外的劲拔。看着烽火台燃起的狼烟，王维用了一个“直”字，这一字给人一种刚毅之美。这“孤烟”往往是如旋风一般直上云天，在唐代时，这孤烟也可能是边防使用的平安火。据《六典》记载：“每日初夜，放烟一炬，谓之平安火。”

西北荒漠没有山峦草木，那横贯在沙漠中的黄河显得异常的“长”，这里的黄河是指流经凉州以北沙漠的一条内陆河。那黄河之上的落日竟温暖而可爱，给王维路途孤寂的情绪带来了些许慰藉。

王维越过重重荒漠来到了萧关，即陇山关，在这里他遇到了侦候骑士，他们是负责侦察和通讯的骑兵，在此他得到都护已经到燕然的消息。唐朝时，在西北边疆置有安西、安北等六大都护府，负责管辖区一切的事务，这里是指前敌统帅。诗中的“燕然”指代前线，主帅就在前线未归。尾联虚写都护血战胜利，仍在前线未归，不觉间流露出对战士的赞叹之情。

王维作诗善写景抒情，他负命出使西凉时恰逢归雁北翔的春天，遂以北飞“归雁”自比，以随风“飞蓬”自喻，一路来到落日衬孤烟的塞外。王维出塞本是怀着被排挤的落寞之情，只是在大漠千古奇观的震撼下，情感得到了熏陶，内心又由慷慨悲壮转到豁达自然。

王国维对王维的这首《使至塞上》评价很高，曾在《人间词话》中评价此诗颈联两句：“‘明月照积雪’‘大江流日夜’‘中天悬明月’‘长河落日圆’，此种境界，可谓千古壮观。求之于词，唯纳兰容若塞上之作，如《长相思》之‘夜深千帐灯’，《如梦令》之‘万帐穹庐人醉，星影摇摇欲坠’差近之。”

作为监察御史，王维到凉州开始了边塞生活。此时的他生活在军中，所见所感有另一番不同，他的诗风也随着生活经历的改变而发生了变化。期间，他作了不少边塞诗，其中比较出名的有一首《出塞作》：

居延城外猎天骄，白草连天野火烧。
暮云空碛时驱马，秋日平原好射雕。
护羌校尉朝乘障，破虏将军夜渡辽。
玉靶角弓珠勒马，汉家将赐霍嫖姚。

诗的开篇写吐蕃在居延关外打猎，那枯草霭霭的广阔原野上燃起了熊熊猎火，映照着这荒凉的居延关。古时也用“猎火”暗指战火，自称“天之骄子”的吐蕃首领率领着士兵来到居延关狩猎，猎火连天，渲染出边关剑拔弩张之势。

敌军勇猛而来，边关告急。

猎火燃起，吐蕃的猎手们在天高野阔的沙漠上驰骋射猎。秋风动枯草，猎物没有藏身之处，真是狩猎的好时节。

暮云低合，吐蕃强悍的健儿入侵我大唐，在军情紧迫之下，守边的唐军镇定应战，攻守有度，最后夺得胜利。

“护羌校尉朝乘障，破虏将军夜渡辽”，王维在诗中运用对比的手法，先写吐蕃军狩猎的强悍气势，营造战争的紧急态势。在后面用唐军镇定作战与前面做对比，“护羌校尉”与

“破虏将军”都是汉代武官名，这里指唐军将士。唐军战士朝登障堡重防御，夜渡辽河强出击。在写唐军反击时，王维并没有做具体的军事行动描写，而是选用典型的事物作形象的述说，把唐军镇静从容，英勇取胜的情景表现了出来，更表达出王维对盛唐时期国力强盛的自豪喜悦之情。

诗的尾联，作为监察御史的王维出场赏功慰军，“珠勒马”“玉靶角弓”这些都是汉家对霍嫖姚的赏赐。当然，诗用典故，这里的“汉家”借指唐朝，“霍嫖姚”就是汉代著名将领霍去病，在这里借指河西节度副大使崔希逸。

面对来势汹汹的吐蕃军，不畏强敌敢于作战的唐军，最后以凌厉气势夺得胜利。后来，宝剑骏马配英雄，以劳军为结，其气若江海之浮天。

在凉州劳军之后，王维被崔希逸辟举为幕府节度判官。在此期间，他体验了凉州的风土人情，留诗多首，如《凉州郊外游望》《凉州赛神》《双黄鹄歌送别》《从军行》《陇西行》《陇头吟》等。

凉州有一种奇特的人文景观叫“赛神”，王维在看了凉州赛神活动之后创作了一首《凉州郊外游望》，这也反映了军旅生活的一个侧面，在紧张的军事活动中也有这鼓舞士气的举动。

野老才三户，边村少四邻。
婆娑依里社，箫鼓赛田神。
洒酒浇刍狗，焚香拜木人。
女巫纷屡舞，罗袜自生尘。

秋至田家，郊外农户不多，依傍在社树旁却开始了吹箫击鼓的热闹的赛神活动。农家们在比赛祭田神，用酒浇在草扎的狗上，燃起香拜祭木偶神人。巫女们纷纷起舞，罗袜轻扬雾似的芳尘。

赛神活动中，有音乐也有舞蹈，在这场乡民祭祀的活动中，出现了“刍狗”“木人”“女巫”等奇特的巫术词眼。尾句，王维化用曹植《洛神赋》中“凌波微步，罗袜生尘”来表现巫女婆娑起舞的美妙姿态。

感受了充实的民间生活，和对边塞风情的体察之后，王维用诗让我们对边塞农村有了一定的了解。

这首诗是王维在凉州乡村武威莲花山游览时所见闻的田家赛神活动，他把这场赛神活动写入诗中，千百年后给我们展现了古代中国边塞农村的神奇景观，与其说是一副乡村风俗画，不如说是王维历经人生坎坷之后，把诗眼从宫廷投放到了民间所造就的奇迹。

在凉州期间，王维的心态发生了变化。从官场不遇到党派倾轧，再到如今见过大漠落日，见过长河孤烟，见过了守卫家国的军事场面，他的心也变得开阔，多了几分豪情。如今的他写出来的诗也大不同，不是宫廷的笙歌缭绕，也不是田园松间的细雨流泉，多的是军事意象，有英雄，有战争，有仰慕，有敬畏。

他曾用乐府旧题创作五言诗《陇西行》，表现了匈奴入侵，边防告急的情节，一字一句勾勒关山飞雪远戍图。

十里一走马，五里一扬鞭。
都护军书至，匈奴围酒泉。
关山正飞雪，烽戍断无烟。

“十里一走马，五里一扬鞭”，他看到了十里又十里纵马飞驰的都护，五里又五里一扬鞭地把军书送达萧关。一回头，陇山大雪倾覆，茫茫不见硝烟。

王维的边塞诗虽写边塞战争，却不从正面描写战争场面，而是巧妙地从军使飞马告急的一个小侧面写出来，至于战争的前后，全凭吟诗的人脑补。一气呵成，不落俗套。

王维所作的边塞诗从艺术创新方面来说，超越前期陈子昂等人的边塞诗，如上文所谈到的《陇西行》就妙用了乐府诗题进行边塞诗创作。使得边塞诗可以配曲作唱，利于边塞诗的传播。

说到王维的诗风，多称“诗中有画”，而在边塞诗中，王维善写人，特别选用典型人物进行创作，有一腔热血想从军的少年，有“汉家天将”，也有英勇的“霍嫖姚”等。对于人物的刻画有着典型的意义，用心理描写符合心迹历程，极具审美价值。

最后，王维还扩大了边塞诗的艺术意境。意境的开拓有雄浑的长河落日，大漠孤烟，飞蓬归雁，更妙在意象的组合，让人如临这壮阔深远的境界，在这一点上，后代的边塞诗人岑参得其继续又有所发展。

王维能够对边塞诗的发展做出贡献，很大程度上是源于他有着边塞生活的亲身体验，还有精通乐府诗的机遇，其历史上的地位不可动摇。

故人不可见

开元二十七年（公元 739 年），王维时年三十九，已从凉州回到长安任监察御史。在任职期间，他曾去友人韦卿的城南别业游览，韦卿即京兆万年人韦虚心，官任大理寺。王维心喜自然，韦虚心的城南别业之景色犹如乡野，登高远眺，让人心旷神怡。

王维是山水自然的意中人，与自然有着纯朴深邃的感知力，日月、山川、白云和流水等自然意象也愿在他眼前跳动。一草一木，亲和自然，为他这般明朗的人。

愿他永远做个山水诗人多好，不发悲天之声，不作悯人之语，也就不会有那一声声的长歌当哭！

可惜，次年冬天，在冰天雪地之中，面对着这天地苍茫，他叹了一句“故人不可见”，瞬时涕泪纵横。

那一年，王维升迁为殿中御史，是年冬天任知南选，被朝廷派往岭南主持科举考试的事务。

一路满怀心事，他自长安下襄阳、郢州、夏口至岭南。这一路，他想起了许多事，也想起了一些人，是年开春时，他已接到知己孟浩然病逝襄阳的噩耗。

如今途经襄阳，忆昔志趣相投，相交长安，还有许多诗情未曾交流，还有许多美景不曾一起踏足，不料竟阴阳两隔。叹世事难料，叹回首，故人已不见。

当年远离长安，前往凉州边塞，看那黄河大漠，良将兵勇，日积起来的铁骨铮铮。如今回到长安，再看到这襄阳山水时，已泣不成声。

开元年间，王维和孟浩然相交长安，同游京师，后孟浩然应试不第就回到襄阳故居隐居。

归襄阳，游吴越，孟浩然辗转多地，泛舟太湖，赏名山古刹。这期间，李白赴襄阳和孟浩然一同游吟，李白离开襄阳之后孟浩然游广汉。

直到开元二十五年，张九龄因犯了举荐不当的罪名被降职为荆州大都督府长史，这时孟浩然投入张九龄幕府。次年，孟浩然离职隐居，在荆州一带游览。

是年夏，孟浩然突患背疽，无奈卧居襄阳，病情逐年加重，多有好友去探看，可惜当时王维在凉州边塞劳军未曾前去探看。

却不想长安一别，回来故人已仙去。

王维作诗《哭孟浩然》以悼念。

故人不可见，汉水日东流。
借问襄阳老，江山空蔡州。

“故人不可见，汉水日东流”，那襄阳汉水日夜奔流不息，从来都是一去不复返，从前不觉得什么，这本是天道自然。可今日看着这一去不返的汉水，心中凄然，故人已然远去，如这汉水不复返一般。

王维诗以“故人”开端，不由得想到孟浩然曾写过一首《过故人庄》：

故人具鸡黍，邀我至田家。
绿树村边合，青山郭外斜。
开轩面场圃，把酒话桑麻。
待到重阳日，还来就菊花。

诗中的“故人”已经备好酒菜邀请他到田家做客，窗外是田圃，聊的是桑麻农事，这绿树青山，把酒言欢的日子最得孟浩然的喜爱，他曾许言，等到了来年重阳，他还会去赏菊作诗。

可惜，重阳年年有，菊花季季开，只是那故人已不在。王维看着这滔滔汉水，不胜悲切，哀思绵延。

“借问襄阳老，江山空蔡州”，王维心绪低沉时，往往会借问他人。妻子仙去时，他曾问，“君自故乡来，应知故乡事。来日绮窗前，寒梅著花未？”

妻在时，庭院中的寒梅尚有人料理，如今妻子离去了，来年冬日，寒梅花可是开了？

今日路过襄阳，念起故人，唯有借问襄阳人，他问的是孟浩然的老乡，他们是否识得孟浩然的才名。

孟浩然其人重情义，知交满天下，曾在送别好友去武陵时，豪赠值千金的宝剑，以示平生一片心。

襄阳人当然识得孟浩然的才名，《春晓》一首，如春风化雨润入多少人心，风雨夜，落花满地，春眠啼鸟处，世人皆知孟襄阳。

在盛唐诗坛中，王维和孟浩然并称“王孟”，是山水田园诗人的代表。他们用自然的风情，用静谧的笔调去描绘这秀丽江山的山水风景。王维有“明月松间照，清泉石上流”，孟浩然歌咏，“野旷天低树，江清月近人”，他们把盛唐的乐观自然贯彻到山水诗中，巧妙地把诗情与画意完全融合成为一个整体。

一问襄阳人，皆识孟浩然，王维悲喜交加。喜的是孟浩然的才名得到了世人的认可；悲的是这襄阳的山水人物皆在，那个孟襄阳已然离去。

《哭孟浩然》这首诗辞藻虽不华丽，诗兼直抒胸臆，又巧借景抒情，重在情深，感旧推崇之意倍至。故人长辞，有情者，可以贯穿金石，动鬼神！

王维一直以来都很欣赏孟浩然，孟浩然的才情也已闻名天下，当时李白曾有诗赞曰，“吾爱孟夫子，风流天下闻”，杜甫想起孟浩然时，也不忘拍手叫绝，“复忆襄阳孟浩然，清诗句句尽堪传”。

王维前往岭南时，路过襄阳留下了这首《哭孟浩然》，行至郢州，画孟浩然像于刺史亭，后来这座亭被称为孟亭。

王维所作的这幅孟浩然画像也叫《孟浩然骑驴图》，画中之人，虽是布衣加身，却骨貌淑清，风神散朗。从容行走在风雪之中，时而吟诗，时而扶梅而立，栩栩如生。

当年，孟浩然离长安归襄阳时，曾留诗辞别王维，在诗中悲叹“当路谁相假？知音世所稀”，如今，对于王维来说才是知音世所稀。

寂寞掩门扉，还有谁高歌载酒来，一同共醉重阳节！

开元二十八年（公元740年），王维失去了人生当中的两个知交好友：一位孟浩然，另一位是张九龄。

是年春，在荆州任上的张九龄请求回乡祭拜先人，不料遇疾去世，谥号为文献。

张九龄病逝不久，安禄山掀起“安史之乱”，盛唐由此没落。唐玄宗仓皇奔蜀避难，这才想起张九龄的远见，痛悔不已，派遣使臣去张九龄的故乡曲江凭吊，追赠司徒。

张九龄的死给王维的心蒙上了苍凉愁苦，仕途又是什么？光宗耀祖、造福黎民，还是倾轧腐败？

进则浅滩龙困，空有傲骨铮铮，退则礼佛如初，不念不想。时过境迁，物是人非，知交先去，轻舟已过万重山，孤影凭吊，亦当归去。

过郢州，经夏口，故人已走，王维也乘船离去。

轻舟从襄阳出发，唯有风景常伴身侧，远近迢递，山水重叠，寂寥的云天外，远远就看见古城的荒芜。明月洒清辉，寒潮阵阵，南风习习，渐行渐远。

过荆州襄阳，溯长江西上，途径巴峡，王维看着这黎明时分的巴峡胜景，不由得写下《晓行巴峡》以记胜景。

际晓投巴峡，余春忆帝京。

晴江一女浣，朝日众鸡鸣。

水国舟中市，山桥树杪行。

登高万井出，眺迥二流明。

人作殊方语，莺为故国声。

赖多山水趣，稍解别离情。

经巴峡时，王维心中不禁想起隔山隔海的长安城。远处山水清明，岸边时有浣衣少女的捣衣声，鸡鸣伴随着朝阳阵阵不歇，江面波光粼粼，水上人家已经开始一天的劳作。

王维站在船头，负手而立，遥望着江岸远山绿树，难免附带离情。又是一度独在异乡为异客，就连那鸟啼声都格外陌生。幸好，还有这秀丽山河，足以稍解离别情。

这巴峡胜景，须晓行才好。晴江如画，莺声清雅，写景状物，声调清丽，王维所抒这迥异铮铮细响，可谓最是能手。

这个时期，王维的诗歌风格随着他的思想发生了变化，他所写的作品，写景写物，寓情于景，直抒胸臆，都是信手拈来，无论是用典工笔，还是自然白描，都显醇厚。风格显得更加清静超然，多有闲情隐世之思。

谈笑辞官去

开元二十九年（公元741年）正月，唐玄宗下令两京及天下诸州各置玄元皇帝庙，即老子庙，大力倡导玄学。

是年春，王维结束了知南选的工作，从岭南归长安，经过润州瓦官寺时与僧人学法，留诗《谒璿上人》：

少年不足言，识道年已长。事往安可悔，余生幸能养。
誓从断臂血，不复婴世网。浮名寄缨珮，空性无羁鞅。
夙承大导师，焚香此瞻仰。颓然居一室，覆载纷万象。
高柳早莺啼，长廊春雨响。床下阮家屐，窗前筇竹杖。
方将见身云，陋彼示天壤。一心在法要，愿以无生奖。

诗中的“璿上人”是禅宗北宗禅师普寂的弟子，曾居润州江宁县（今南京市）瓦棺寺。

这一趟从岭南回来，王维一路在想，年少时候的事情已经不足提，当年背井离乡赶往长安为了增长阅历考取功名，如今年岁大了，对于往日种种也没什么值得后悔的事。

所庆幸的是现在还有地方能够收留他，他想此后这一生戒掉荤腥，也不去受那凡尘的羁绊，脱下官服，穿上僧袍，此后跟着得道高僧学法。

每日烧香瞻仰佛祖，安然在一室之内，用心去承载世间纷纷扰扰的万事万物。

看那清晨柳树上啾鸣的黄鹂，听那春雨滴答的廊外风光。室内简朴，只有一双木屐，窗前放着的是他的竹杖，如今专心研习佛法真理，但愿能修成正果。

心不散乱为定，不乱则为不智不愚，不诚欺，不来去，不出入，方能修成沉静淡泊，这些都是王维孜孜以求的境界。

王维所写的诗中流动着禅音禅意，总有一种“行到水穷处，坐看云起时”的豁达闲静。

这种禅理诗，在他晚年的作品中更常看见，其中就有一首写于终南山的，名为《终南别业》：

中岁颇好道，晚家南山陲。

兴来每独往，胜事空自知。

行到水穷处，坐看云起时。

偶然值林叟，谈笑无还期。

晚年后，他又回到了终南山，过着亦官亦隐的生活。

诗中的“道”是指佛家的禅宗毅力，王维曾在长安的大荐福寺拜道光禅师门下受教佛法。

繁华过，拈花微笑是自然流露，归隐时，他带着的是怡然自安的心情。有时，兴趣浓了，常独自在山中游玩，怡然自乐。

诗中所谈到的，“兴来每独往”正是禅思的实际体验，“兴”者为自然天性，“独”则是视孤寂为享受，“每”则是随性而行，无拘无束。

这份逸致顿悟与这终南山的旷达包容契合得体，此情此景，无关风月，如鱼饮水，冷暖自知。

每当念到“行到水穷处，坐看云起时”，不由想到赵师秀《约客》中的“有约不来过夜半，闲敲棋子落灯花”，王维的“坐看云起时”比赵师秀的“闲敲棋子”更显惬意，少了几分心绪浮气。

有时候独自一人，随性走到水的尽头去寻找源头，或是坐在山石上看那千变万化的流云。

王维在诗中所表达的思想，与陶渊明《归去来兮辞》中的“云无心以出岫，鸟倦飞而知还”不谋而合。

闲逸淡泊，清静恬适的隐居生活正是他所向往的。

云穷水尽，世事再变换，也不过是一行、一坐、一看的本心本性。作之为画，则青云暮合，天然秀丽。化之入诗，则义理无穷，禅机禅意顿现。

人一生中，总要做许多的事，用心经营着的亲情、爱情抑或友情，有时走到了绝路，山穷水尽之处，未免会悲天悯人，只是有时不妨一想，绝处亦有风景，不失望则是希望的开始。

佛说，那青青翠竹也尽是法身，郁郁黄花无非般若，天地万物皆含佛理，不单是王维所言的“行到水穷处”他就停止，若云起他就坐看，自然圆融只有用心体会才得其中奥妙。

他乘兴出游，在林间偶然遇见村里的父老，便与他们一起谈笑，说着说着往往忘了回家的时间。这便是山居生活，偶然相遇，本是无心而为的喜乐之事。更妙的是，诗从颔联到尾联有一唱三叹之妙。

这首《终南别业》是王维的一首禅意诗，诗中的他如不食人间烟火的世外人，不问世事，却视人间为乐土。

王维是参禅人，他将禅心禅意融入诗歌创作，使得他的诗风更加清静空灵，这也是终南山万千风景给他的馈赠。

王维回到长安后，便隐居在终南山中，并传下经典名诗

《终南山》：

太乙近天都，连山接海隅。

白云回望合，青霭入看无。

分野中峰变，阴晴众壑殊。

欲投人处宿，隔水问樵夫。

这一年，王维四十岁，他年少时入京考取功名，虽在仕途上没有多大的功绩，却也有着儒家经世的志向，他曾追随张九龄想一展宏图，不料仕途不顺。张九龄被贬后，他产生了思退归隐的念头，这次从岭南回来，他终于下定决心归隐终南山。

终南山在长安南五十里，是秦岭主峰之一，是道教全真派的发祥地，此山脉起昆仑，尾接嵩岳，山气钟灵毓秀，山色宏丽雄奇，终南山不但是宗教朝拜的灵山，也是雅士隐居修身的妙处。

王维在归隐终南山之前，就已经有了“望青山兮不归”的愿想，世俗、官场，皆可放下了，终南山成为他的心灵栖息地。

王维写这首诗时，很巧妙地将偌大一座终南山传神地勾勒出来。

以游踪为线索，对终南山的胜景进行自然描绘，无论是远眺近观，还是俯视夸张，尽显咫尺万里的胜景。

首联“太乙近天都，连山接海隅”中的“太乙”是终南山的别称。在这句诗中，王维直言终南山接近天都，终南山虽高，与天相距甚遥，以夸张的手法，巧妙地将人从山脚下遥远地望向终南山，将顶峰与天相接的景象描绘了出来。

同样的，“连山接海隅”写的是终南远景，终南山西起甘肃天水，东止河南陕县，可见并未连接大海。可在他看来，山连山，水接水，蜿蜒曲折终将是到海边。

他走进终南山，前路白云弥漫，周围的苍松古柏，奇花异草皆朦胧，无意间回头，亦是白云分合，茫茫不知所踪。

“白云回望合，青霭入看无”，诗以“回望”和“入看”对偶，写出这终南山云雾缭绕的近景。

方才走出云海，前方的青霭已涌来，云雾变换，分合拢来，蒙蒙茫茫，如坠仙境，给予人驰骋想象的天地。

王维善用色彩鲜明之语，以“白”和“青”描绘出云霭的鲜明色彩，营造出诗中有画的清澹之境。

终南山占地极广，东西绵长，只有攀上中峰才能够把终南山的全景尽收眼底。为了更好地表现终南山的阔大，王维写了一句“分野中峰变，阴晴众壑殊”。

分野是古代天文学的名词，古人用天上二十八星宿的位置区分中国境内地域，称为分野，所以地上的每一个区域就对应着星空的一处分野。

所谓的“分野中峰变”，就生动地说明了终南山从北到南的阔，使得对应的分野也不同。而“阴晴众壑殊”一语苍然入雅，日光或浓或淡、或有或无，照耀着终南山广阔的千沟万壑，阴晴变化之中的千形万态。

暮云闭合，云雾更深，王维想在这终南山之中寻处人家留宿，待明日再游。途中巧遇山间砍柴的樵夫，不由欣喜地隔水相问何处有人家可留宿。

“欲投人处宿，隔水问樵夫”这句用词流丽，与孟浩然“再来迷处所，花下问渔舟”有异曲同工之妙。

王维在终南山隐居期间，曾写诗《答张五弟》邀请张諲来他隐居的住所相聚。当时张諲也在终南山隐居，和王维的山居相距不远，两人志趣相投，时常会相聚饮酒垂钓。

终南有茅屋，前对终南山。

终年无客长闭关，终日无心长自闲。

不妨饮酒复垂钓，君但能来相往还。

王维以诗代书，在字里行间引起友人的兴致，欲邀友人前来共享乐趣。

王维隐居的住所虽是几间茅屋草舍，却正对着巍峨的终南灵山，出门便可欣赏终南胜景。可惜的是，这里常年少客，唯有紧闭柴扉，整日无所用心，放飞心绪，亦觉心安。

他的隐居倒也别有情趣，无拘无束，若是能有好友前来饮酒作诗，倒成了最好的赏心乐事。

说到“无心”，这是佛教用语，指的是解脱邪念的真心。“无心”“自闲”，这些都是王维隐居终南山的心理状态，李白曾有诗云，“问余何意栖碧山，笑而不答心自闲”。所谓的心自闲，说得洒脱，但也暗含几分落寞，若有知己相伴才好。

此诗写风格闲散，与其说是诗，倒不如说是一封小书，以自然亲切之笔，将相邀之意弄诸笔端，只为“君但能来”四字。

能写出此清越之诗，王维之心必如澄水明霞，才情精妙。

第四章 边塞归来报天子

归隐可以远离红尘的喧嚣，让心灵有一个栖息之地。辋川庄是王维在开元年间就购下的庄园，经过多年的精心修缮，昔日荒芜的田园山庄已经变成风景秀丽的辋川庄，让人赏之心悦，但这并不是世外桃源，而是一个充满人间烟火情深的地方。

天宝元年出任

天宝元年（公元742年），王维在长安转任左补阙，在任官期间，他曾作诗《三月三日曲江侍宴应制》：

万乘亲斋祭，千官喜豫游。
奉迎从上苑，祓禊向中流。
草树连容卫，山河对冕旒。
画旗摇浦溆，春服满汀洲。
仙籞龙媒下，神皋凤跸留。
从今亿万岁，天宝纪春秋。

这是一首应制诗，应制诗一般是奉天子或上司之命而作的诗歌，其主要风格为庄重典雅、辞藻华贵，带有公式化。应制诗也是宫廷诗的一种形式，其起于齐梁，盛于开元，到了天宝年间，应制诗逐渐没落，而王维的应制诗是唐代应制诗的代表，他把应制诗从绮错婉媚发展到雄浑秀雅，这对盛唐诗坛美学风格产生了很重要的影响。

我们再来看这首《三月三日曲江侍宴应制》，以窥君臣同乐的曲江风景。

曲江地处少陵原北，早在开元初年唐玄宗就重点对曲江进行扩建，使得曲江成为当时具有旖旎风光的半开放性园林。据《旧唐书》记载，天宝前，曲江边岸皆是行宫台殿，百司廨署，尽显繁荣与升平的情景。

诗中的“三月三日”正是上巳节，相传三月三是黄帝诞辰，这是一个纪念黄帝的节日。魏晋以后，每年的三月三，人们都会到水边饮宴或外出游春。唐朝时，皇帝会在这一天来到曲江池大宴群臣，同甘共苦，行祓禊之礼。（祓禊，是一种于上巳节在水边举行的祭礼，有洗濯去垢、消除不祥之意，也叫“除恶之祭”）

三月三的曲江更是百花环绕，烟水明媚，游人不绝，在王维眼里，这迎着春风招展的柳树多带风情，流水淙淙不胜悦耳，琼楼玉宇映得画旗招展更加生动，山河浩荡不比这曲江胜景如画。

王维在天宝初所作的诗文多为宴饮赠答之作，但也有送别诗。

王维的送别诗展现了盛唐时期兴象玲珑的精神风貌，诗中所塑造的意境多清澈澄明、波澜壮阔，格调明朗、激昂。

王维好友綦毋潜弃官回江东归隐，王维相送赋诗《送綦毋秘书弃官还江东》：

明时久不达，弃置与君同。
天命无怨色，人生有素风。
念君拂衣去，四海将安穷。
秋天万里净，日暮澄江空。
清夜何悠悠，扣舷明月中。
和光鱼鸟际，澹尔蒹葭丛。
无庸客昭世，衰鬓日如蓬。
顽疏暗人事，僻陋远天聪，
微物纵可采，其谁为至公。
余亦从此去，归耕为老农。

王维的送别诗中有一种纯善之意，这是人与人之间的亲和感，他在诗中写道“明时久不达，弃置与君同”，这与君同的是彼此官场坎坷，只是在这太平盛世下，做一个乐天知命，胸襟坦荡的人也是一件乐事。他在行文间引起好友心灵的共鸣，那些怀才不遇和幽怨愤懑都随风飘散，留下的是纯洁的风尚。

王维在诗中设想好友綦毋潜弃官归隐后的情景，秋色万里如水般洁净，清夜悠悠，放舟四海，天南海北任他扣舷而歌。驾一叶之扁舟，窃以蒹葭入梦，携清月飞花，赏归隐之乐事。

壮志难酬的心情本是惆怅，王维却能巧妙地用“万里”这种巨大的量词，为的是塑造宽阔的视野空间，使得诗境更壮阔，把离愁别绪拉小。本是离别情，在王维笔下多了几分明净，本诗采用空明纯净的意境描绘这恬静优美的自然，“日暮”“澄江”“明月”这些色彩明亮的意境造就诗风的清逸。

在这首诗中，王维不单用“拂衣”代表归隐，也用了“鱼鸟”的意象，“和光鱼鸟际”写的就是一种与世无争的隐逸情怀。

有时候，士人也是奇，高歌“穷则独善其身，达则兼济天下”，到头来，从归隐到出仕，由官场到江湖，到底哪个才是他想要的，还是说，人生就是一场无奈，选择也是身不由己。

王维在送别綦毋潜的诗中写出自身对仕途的看法，十五入长安，到现在也是为“昭世”奔波，两鬓生花白，倦了人心，远离明君，还不如与好友一同归隐山野。在王维看来，人生最好的选择或是“济人然后拂衣去”，内心愤懑时能够喊一声“我心不说君应知”，是为洒脱，是为澄明。

《送綦毋秘书弃官还江东》这首诗有一种空灵之感，王维在诗中用语清淡，以“净”“澄”“清”“明”“淡”等清淡之语塑自然空灵之景，尽显“天和”。万物在他的眼里，他也在万物之中，风月无边，人情无限，这就是人与自然的和谐。

王维才华横溢，有与世无争之志，他作的诗，都具真情实感，秀丽不虚浮，繁乐不庸俗。即使是送人离别之作，也不失雄浑大雅，是以怨而不露。所以才说，王维的诗尽显温柔敦厚，有超脱空灵之美。

王维能作出天机清妙的诗人形象和词秀调雅的诗风有着士族文化因素，这与他对江左文化的喜爱也有关。他曾在《别綦毋潜》一诗中提出“盛得江左风，弥工建安体”的诗歌审美标准。

端笏明光宫，历稔朝云陛。诏刊延阁书，高议平津邸。
适意偶轻人，虚心削繁礼。盛得江左风，弥工建安体。
高张多绝弦，截河有清济。严冬爽群木，伊洛方清泚。
渭水冰下流，潼关雪中启。荷蓧几时还，尘缨待君洗。

所谓的“盛得江左风”是对江左（东晋及南朝）人物风流的欣赏，追求初唐以来的雅调。而“弥工建安体”表现在对古诗散句体制、汉魏慷慨抒情、长于叙事等方面的学习，体现出建安之风。

王维在诗中塑造了綦毋潜词臣的形象，他有着通透自然的为人性格。他所作的诗既有江左之清靡风格，又有建安诗风，这也是王维所崇尚的江左风流，不然他也不会对綦毋潜的诗大加称赞，王维称好友的诗多是格调高绝之作，并有清新绝俗之格调。

当时唐诗承陈隋体，多绮靡之风，汉魏风骨和晋宋多清音。在王维看来，诗学当以汉魏风骨和晋宋清音来清正齐梁的绮靡，即融合建安、齐梁文学风骨体貌。

亲友同唱和

天宝二年（公元743年），王维时年四十二岁，仍在长安任左补阙，也就在这一年他和裴迪相识相交。

是年正月，裴迪长兄裴回病逝西京新昌坊私第，裴迪亲自去找其兄的好友王维为其兄撰写墓志铭。王维与裴迪相交长谈之后，极其欣赏裴迪的品行，并为其兄写下了《故任城县尉裴府君墓志铭》。

王维随着裴迪前往长安新昌坊裴家祭奠，在前往裴家的路上，王维顺路造访隐逸好友吕逸人，并留诗《春日与裴迪过新昌里访吕逸人不遇》：

桃源一向绝风尘，柳市南头访隐沦。

到门不敢题凡鸟，看竹何须问主人。

城上青山如屋里，东家流水入西邻。

闭户著书多岁月，种松皆老作龙鳞。

诗中的吕逸人是吕姓的隐者，这位吕逸人住在长安柳市之南，正过着与尘世隔绝的隐逸生活。可惜，当日王维和裴迪去拜访他时，他并不在居所，王维轻叹一声："到门不敢题凡鸟，看竹何须问主人。"

诗中用典"题凡鸟"，典出《世说新语·简傲》，三国魏时的嵇康和吕安是一对莫逆之交，有一次，吕安访嵇康未见，康兄嵇喜出迎，吕安遂在门上题"凤"字而去。"凤"的繁体字为"鳳"，拆开为"凡"和"鸟"二字，这是嘲讽嵇喜是"凡鸟"。而王维在诗中用"到门不敢题凡鸟"，则是表示对吕逸人有着高山仰止的尊敬。

虽然这次王维和裴迪造访吕逸人未遇，但是想要欣赏他居所周围清幽的竹林又何必询问主人呢？王维在诗中用典幽默，"看竹"典出王羲之的儿子王徽之听闻吴中一个大夫家有好竹子，就去欣赏。王徽之在竹林中吟啸了很久，就连主人请他坐下他仿佛都没有听到。就在他要回去的时候，主人把门关上，留他赏竹，最后尽欢而散。

王维用"题凡鸟"和"看竹"这两个典故采用虚写的手法表达对吕逸人的敬仰之情。

在颈联，王维实写吕逸人的住所，他所隐居的地方开门即可见青山，远离了尘世的喧嚣，潺潺流水从东家流入西邻，正是依山傍水，鸟语花香的好住处。

吕逸人的住处犹如世外之桃源，他在这里闭门著书立说已经很久了，是真隐士。他所栽种的松树已老，其树皮如龙鳞般满带岁月的痕迹。青山绿水，老松古物，他归隐著书的生活让王维很羡慕。

当时，裴迪也有诗《春日与王右丞过新昌里访吕逸人不遇》与王维相互唱和。

恨不逢君出荷蓑，青松白屋更无他。
陶令五男曾不有，蒋生三径枉相过。
芙蓉曲沼春流满，薜荔成帷晚霭多。
闻说桃源好迷客，不如高卧眄庭柯。

当时王维正任左补阙，诗中的“右丞”是王维后来获得的官职，诗题是后人所加。这是王维和裴迪的第一次唱和之作，诗中透露出惺惺相惜之意，这也是他们友谊的一个好开端。

天宝三载（公元 744 年）夏秋，夏雨新凉似秋的时节，江宁丞王昌龄因有公务入京办事，遂约上王维、王缙、裴迪几人在长安昌坊南门之东新昌坊的青龙寺集会交游。在青龙寺交游时，他们都写下了关于青龙寺的唱和之作，王维受邀写下了《青龙寺昙壁上人兄院集》。

青龙寺是佛教八大宗派之一的密宗祖庭，位于长安延兴门内新昌坊，建于隋文帝开皇二年（公元582年），原名为“感灵寺”，在景云二年（公元711年）改名为青龙寺，是唐朝皇室的护国寺庙。

唐朝兴佛，遂寺庙风起，且占地广袤，建筑宏伟，特别是长安城中佛寺遍布，成为长安城不可或缺的一道风景线。而位于长安城之东南的青龙寺，北枕高原，南望爽垲，登高远眺可赏长安之美。

青龙寺一直备受文人雅士的青睐，这与它雅致独特的自然和人文景观分不开。雅士喜欢登高远眺，青龙寺建在高岗之上恰好给他们造就这样的机会，这使得青龙寺成为雅士文人的交游之地。

王维一行来到青龙寺拜访深居僧人之后，沿着芙蓉池欣赏芙蓉花，漫步竹林果园，林风阵阵，有菩提树秀立林中。从青龙寺远远可以眺望到长安皇城的苍茫，让人思绪万千。漫步游玩许久，他们回到寺中用斋饭，室内无风自凉。

在青龙寺这个超凡的地方，心得佛法，王维遂写诗《青龙寺昙壁上人兄院集》，以记这清凉无忧的世界。

高处敞招提，虚空讵有倪。
坐看南陌骑，下听秦城鸡。
眇眇孤烟起，芊芊远树齐。

青山万井外，落日五陵西。
眼界今无染，心空安可迷。

这首诗写了青龙寺的地理位置，青山、五陵皆在它的视野之中，可谓是开门见山。远近听得潺潺流水，东西相顾山色多变，山水映衬之下的青龙寺显得格外开阔。

王维一行去青龙寺时是夏秋时节，那时的青龙寺未入深秋，若是到了深秋，满山遍野的红很是悦目，片片红叶落满僧人居住的屋舍长廊，甚是可爱。不到深秋也不必可惜，等到了仲夏之夜，虫声不绝时，那清幽也甚是怡人。这样的环境，也是文人墨客喜欢到青龙寺交游赏花吟诗的缘由。

诗的开篇，王维描写了青龙寺傍晚的景色，南陌骑、秦城（长安）鸡、孤烟、远树、青山和落日，傍晚时分，暮云低合，青龙寺格外祥和。他直言眼睛所看到的都是美好的事物，所谓美好的事物即不被尘世污染的纯洁之灵。眼到心在，又怎会被迷惑呢？正所谓“身如菩提树，心为明镜台，本来无一物，何处惹尘埃”？

“眼界今无染，心空安可迷”，诗中的“眼界”是佛教用语，出自《般若波罗蜜多心经》，“无眼界，乃至无意识界”。在王维眼中，自然万物皆是真性，任它自然变幻，虚空无常。

王维的这首《青龙寺昙壁上人兄院集》以禅入诗，诗中带着浓厚的禅意情怀。从诗中，我们可以看到长安城所弥漫着的浓厚的佛教气氛，可见这长安城中佛教的发展是如何兴盛。也说明了王维本人对禅的禅悟，他专注佛学修养，随手入诗的多有佛家语。

当时与王维同游青龙寺的还有他的弟弟王缙，王缙少时好学，善草隶书。他与王维一样一生笃信佛法。

王维兄弟二人出生在一个奉佛的家庭当中，家庭信佛氛围浓厚。可是在朝为官的他们不可能抛弃世俗去闭门修佛，这样弃家庭于不顾，连自己和身边的人都渡不了，又谈何去渡他人。于是，王缙在诗中提出一种不拘泥于外在形式而讲求心灵解脱的奉佛道路。

在他的诗中，不写青龙寺的清幽，而是去写一个大隐者的气度，来讲明一个人无论身处何地，身居何职，只要心欲修行，就算在家里面也可以，不必在寺内。

这场游青龙寺的聚会由王昌龄发起，王昌龄是盛唐著名的边塞诗人。他三十岁进士及第后在长安任职，后因事被贬岭南，直到开元末年才返回长安，改任江宁丞。天宝三载，王昌龄因公务所需回到长安，借着这个机会他邀请王维一行到青龙寺相聚。

这时，他们四人都写了关于青龙寺聚会的诗，王昌龄写了一首《同王维集青龙寺昙壁上人兄院五韵》。王昌龄，曾有“诗家夫子王江宁”之美誉，这首诗为五排，篇幅小却用雄劲的笔调对青龙寺的人事物进行紧密的描绘，意境深远，无论是抒情，写景叙事，还是议论，都激动人心。

在这场交游中，王维也邀上了相交不久的裴迪。在《故任城县尉裴府君墓志铭》中，可以得知裴迪家境贫寒，他忙完兄长葬礼之后专心在家苦读，准备应考当年的府试。王昌龄入京时，裴迪刚通过府试成为秀才。裴迪随着王维等人去长安新昌坊南门之东的青龙寺游赏唱和，也有留诗《青龙寺昙壁上人兄院集》。

青龙寺只是唐朝众多佛寺中的一座，蕴含着丰富的佛寺文化。佛寺清幽的自然环境，众多的得道高僧，还有文人雅士的吟诵推广，使青龙寺成为文人拜谒交会的好去处。他们来佛寺交游有的是为了参悟佛法，有的是为了欣赏这清雅的圣境，这些都是佛寺文化的积累。

同年，唐玄宗纳杨玉环，宠之日盛，并以为天下无事，将朝廷政事交诸李林甫。这时，李白离开长安与杜甫相交洛阳，而王维仍居长安任左补阙，是年购得宋之问的蓝田辋川庄开始用心经营，并有留诗《酬黎居士淅川作》：

侬家真个去，公定随侬否。

著处是莲花，无心变杨柳。

松龛藏药裹，石唇安茶臼。

气味当共知，那能不携手。

诗中的淅川山水环绕，是我国春秋时期楚文化的发祥地之一，这首诗是王维和王昌龄一行去青龙寺交游时所作。全诗虽语言朴实且带吴地方言，但满带禅趣。

若是我要离开这里了，你定会随我走的吧？问得自然，犹如花开花落，云来云往。禅理乃明心见性之学，入禅就要摒弃杂念，这就是王维所说的“著处是莲花，无心变杨柳”。

诗中所用的莲花是佛国净土的象征，因为佛国也被称为“莲界”，“莲”，取出淤泥而不染之意，是佛教圣物。而诗中的“无心变杨柳”化用了《庄子·至乐篇》中的一个典故，在那个典故中“柳”是“瘤”的意思，滑介叔不讨厌支离叔肘上长的“瘤”，认为世间万物皆是自然而化，心不为物动，更无关明净与污秽。

把药放入社树，把茶臼放在石缝间，似乎有悖常理，但这正是禅师修行的生活，他们在青山林间过着朴实的生活。茶和禅文化极有渊源，茶能清神，性本自然，而禅亦是自然，两者返璞归真。

所谓的“气味当共知，那能不携手”，简单来说就是志同道合，两人皆有修禅的心得。这首《酬黎居士淅川作》以禅入诗，诗中有着禅意的生活体验。

塞北有君迹

自从开创了开元盛世之后，唐玄宗一改先前的节俭之风，沉溺在享乐之中。天宝四载（公元745年），唐玄宗册封杨玉环为贵妃，宫廷奢侈之风越来越盛。此时的安禄山凭借边功甚得唐玄宗的恩宠，遂数次出击奚及契丹。九月，奚和契丹杀唐朝和亲公主以叛大唐，使得边境战乱频繁。

这时，王维被任命为侍御史，奉命出使榆林、新秦二郡。王维一生之中曾两次出使塞北，这次是第一次，在奉命出巡塞北时，他曾留诗《榆林郡歌》以记。

山头松柏林，山下泉声伤客心。

千里万里春草色，黄河东流流不息。

黄龙戍上游侠儿，愁逢汉使不相识。

榆林，古称为“上郡”，位于陕西最北部，东临黄河，西连宁夏，南接延安，北与鄂尔多斯相连，是兵家必争之地。到了唐代，这里的榆林渐稀，所以王维来到榆林所看到的才是满山头的松柏林。

山上松柏送风来，摇曳着，怎么看都不像迎客松，山下溪流不息，泉水汩汩作响，有客正伤心。若说上次出使西凉才得见“大漠孤烟直”的奇观，那今日出使榆林所见的又有什么？

来时，时值十里阳春，冰雪消融的榆林化作泉泉流水，马背上的他远眺碧野，春草连绵，一望无际，风一吹，草一低，牛羊时隐时现。榆林东临黄河，只需远远一眺便可以听见滔滔东流的黄河波涛声。

榆林的水光山色，在王维的笔下成恢宏之气，黄河的动与春草的静结合生趣，富含画意。若说春草是人青春的一抹亮色，那么永不停息奔流的黄河则是韶华易逝的象征，所造就的是诗人笔下的人生感慨。

“黄龙戍上游侠儿，愁逢汉使不相识”，道尽了王维途径榆林郡巡边时和戍边将士寂寞相通的心境。

“黄龙戍”即黄龙冈，此地地处边防前线，群山连绵起伏，东连巨岭，西抵辽河，历朝历代都有重兵屯守，是重要的关塞。“黄龙戍”出现在诗词中一般借指北方边境，王维在这首诗也是借指榆林边地。

而诗中的“游侠儿”一词，典出曹植的诗《白马篇》，指的是武功高强的戍边少年，在这里王维用“游侠儿”来指戍守榆林的边防战士。尾联的“汉使”就是王维在诗中对自身的借称，因为唐代的诗人经常以汉喻唐。

王维一路风尘仆仆地来到榆林，见了榆林的山和水，草和木，最后也见到了榆林的边地战士。所谓的“相逢不相识”用在这里带着浓浓的失落之感。边地战士年久戍边，自然是不认得这朝廷新派来的使臣。这里人迹稀少，王维自是寂寞，想与人交谈，可他对于别人来说是最陌生不过的外来人，怅然若失，唯有“愁”之一字可形容。

新秦郡和榆林郡相接，王维到了新秦所见到的最熟悉的事物莫过于那“山上松”，于是他欣喜之余写下了赞美松树的诗《新秦郡松树歌》：

青青山上松，数里不见今更逢。
不见君，心相忆，此心向君君应识。
为君颜色高且闲，亭亭迥出浮云间。

这是一首边塞诗，所咏的是在当地被称为“神木”的松树。

新秦郡在当今的陕西神木县境内，根据道光年间《神木县志》的记载，城外东南约十步，有三棵高大的松树，是唐代旧物。关于这三棵松树，有一个神秘的传说。

西汉张骞奉汉武帝之命出使西域时，途经新秦郡，当时炽日当空，人困马乏，看到坡上有三棵枝繁叶茂的松树正可乘凉。于是，张骞在松树下休息，不觉入了梦，梦境中他驾着一叶扁舟，漂流在天河中，悠悠荡荡地泛入了天宫。

舍舟登岸，他信步走入琼楼玉宇，忽闻机杼声，见有曼妙织女殷勤款待他，醒来之后，张骞的手中还握着一块织女送给他的织机石。

张骞松下入梦天宫，故而将这三棵松树称之为神木！

这时，王维出使新秦，看到这三棵松树。松树在恶劣的环境中生机勃发，他甚为震撼，不仅因为那个传说，还因为松树高洁脱俗的精神。

“青青山上松”中的“青青”一词不但把松树青翠的颜色写了出来，吟诵之间竟带着亲切之感。王维并非第一次见到这里的松树，他路过榆林时就曾看见那满山头的松柏，这次的再相逢，让他倍感亲切喜悦。

在他眼里，松柏不会言语，却是他远赴边塞时所遇到的最好的朋友。见到苍劲挺拔的松树，王维是欣喜的，所以把松树拟人化为君，他的好友。好友相见为喜，不见则心相忆，他的心是向着松柏的，君当知。

君乃性情高洁的塞上之士，高耸入云的神木，任是风雪侵染，终是苍劲挺拔。王维心向松树，更以青松为榜样，纵然仕途坎坷，宦海沉浮，也能在心中保留如松的高洁淡然。只要志气未灭，信仰还在，人生就不会孤寂。

王维为官坎坷，数次被贬离长安，心怀孤寂，是为失；而他两入边塞，为其边塞诗的创作提供了丰富而鲜活的意象素材，是为得。

天宝五载（公元746年），李林甫担心在立李亨为太子这事上无功劳而有祸患，遂大兴冤狱意图动摇东宫。是年正月，李林甫趁机诬奏韦坚勾结皇甫惟明，欲拥立太子为帝。十一月，李林甫再次发起一场针对太子李亨的冤案以图排除异己。这一年，王维四十五岁，已经从榆林回到长安并被转为库部员外郎。

王维在职期间，和中书舍人兼郎中苑咸多有交往，两人诗歌互答，王维留有诗《苑舍人能书梵字兼达梵音，皆曲尽其妙，戏为之赠》：

名儒待诏满公车。才子为郎典石渠。

莲花法藏心悬悟，贝叶经文手自书。

楚词共许胜扬马，梵字何人辨鲁鱼。

故旧相望在三事，愿君莫厌承明庐。

苑咸擅长写诗，又能写梵字兼通梵音。他是应召入京的儒士，在朝任中书舍人兼郎中，王维与他交游酬唱并非因为他的职位，而是两人皆通禅理。

王维精通禅理，擅长以禅入诗，就如这首诗，他就在诗中运用了佛家语，如“莲花法藏”“贝叶经文”“共许”等。王维受佛教禅宗的影响，在写佛教诗时，一般会追求禅趣、禅意和禅境。

“莲花法藏”，自古佛之教法含藏多义，“莲花”喻法藏之洁净美丽，莲花又代表了佛教觉悟的最高境界。还有诗中的“贝叶经文”，这种经文用梵文写就，梵文贝叶经是古印度人用古梵文把佛教经书论典刻写在一种叫作贝多罗树叶上的经典。王维在诗中运用禅语，使得诗歌充满禅风偈语，深得佛理之趣。

“楚词共许胜扬马，梵字何人辨鲁鱼”诗中的“扬马”则是西汉著名辞赋家杨雄和司马相如，“共许”为佛教术语，是为认可之意。王维所要表达的是大家都认可《楚辞》的艺术水平胜过杨雄和司马相如的作品。而下句的“辨鲁鱼”典出《抱朴子·遐览》，“谚云：‘书三写，鱼成鲁，帝成虎。’”意为把

“鲁”字错写成“鱼”字，那些佛经上的梵字又有何人能够真正地识别并且区分错漏。

这些，都是王维和苑咸诗歌互答所交流的佛理心得，“故旧相望在三事，愿君莫厌承明庐”，面对王维的来诗，苑咸有回诗《酬王维》。

苑咸在《酬王维》诗中有诗序：“王员外兄，以予尝学天竺书，有戏题见赠。然王兄当代诗匠，又精禅理，枉采知音，行于雅作，辄走笔以酬焉。又久未迁，因而嘲及。”在诗序中，苑咸赞扬王维精通诗歌，又通禅理，是为知音。

当年佛经从西域传入中原，给中国文学创作带来了新的题材、意境、文体和术语，使得文学天地更加开阔。在《酬王维》中有言“为文已变当时体，入用还推间气贤”，这里反映了王维不但会以禅入诗，还创立了诗体佛教文学。

儒士和僧侣虽道不相同，可他们之间多有交游赠答，王维和苑咸两人更是因佛得缘。

佳期误情深

天宝六载（公元 747 年），王维在长安任官库部员外郎，在任职期间他和储光羲多有交往。储光羲和王维都是田园山水诗派的诗人，两人诗酒唱和，曾同隐终南山多年，关于他们的交游，王维有留诗《待储光羲不至》：

重门朝已启，起坐听车声。
要欲闻清佩，方将出户迎。
晚钟鸣上苑，疏雨过春城。
了自不相顾，临堂空复情。

这首诗题目中的“待”字道出了王维等待储光羲到来的种

种感受。

“重门朝已启，起坐听车声”这一连串的动作描写出王维急于见友人的心情。清晨晓光穿过门户，打散一室的静谧，外面一道道城门已在黎明时分开启，料想储光羲应当乘着马车缓缓而来。王维清晨起来打开门扉，坐立不安地在案边等候友人的到来，一会儿站起来，一会儿又坐下去侧耳倾听车马声。

王维准备着只要一听到储光羲腰间挂着的佩玉随着主人的行动而发出清脆的声响，他便立即出门相迎。许是等得太久，坐立不安的缘故，他竟误以为听见了那清脆的佩玉声响，一出门看才发现原是自己的错觉。

王维从清晨时分等到了日暮黄昏，皇家宫苑的晚钟在这时悄然响起，城里也下起了稀稀疏疏的春雨，是那般幽冷而寂静。

但储光羲还没有来，细雨从春城拂过，那般轻灵，那般从容，竟一丝也不似他的心情。王维把等候友人久不至的心情转移到这满城风雨之中，天愈昏，雨愈凉，晚钟鸣响，敲打的是等候的心绪。

到了最后，王维叹息道：“了自不相顾，临堂空复情。”已然明白，这晚钟已响，疏雨连绵，友人是顾不上来相访了，负手伫立门前，满堂空怀相思，只怪自己太急切，看来还得下次再约。

对于候人不至，赵师秀笔下的《约客》带有含而不露的寂寞之情，那“有约不来过夜半，闲敲棋子落灯花”之句，把诗人急躁而满带期望的心情刻画得细致入微。闲是孤独的闲，棋子是用急躁来敲响，隐含的是失望急躁的心绪。而王维的“了自不相顾，临堂空复情”则是直抒胸臆之言，他给友人不至找公务繁忙的借口，可“空复情”一词又直言自身的自作多情，语带长叹意，言明惆怅情。

同是田园诗人，王维对储光羲的诗很是欣赏。他们二人的五言古诗，王维韵隽永，而储光羲韵远扬，王维的诗风格是恬静而其洁，储光羲的则是质朴中藏秀。

天宝七载（公元748年），唐玄宗改八月十五为“天长节”，取自《老子》中“天长地久”一词。在这一天，在长安迁为库部郎中的王维有应制诗《奉和圣制天长节赐宰臣歌应制》：

太阳升兮照万方，
开阊阖兮临玉堂，
俨冕旒兮垂衣裳。
金天净兮丽三光，
彤庭曙兮延八荒。
德合天兮礼神遍，
灵芝生兮庆云见。

唐尧后兮稷契臣，

匝宇宙兮华胥人。

尽九服兮皆四邻，

乾降瑞兮坤降珍。

关于这个“天长节”，王维在诗中记载了这样一个故事。这个故事要从开元十七年（公元729年）说起，这一年的八月初五正是李隆基的生日，左右丞相率领百官上奏，请示唐玄宗立每年的农历八月初五为“千秋节”，并著之甲令，布于天下。

到了天宝七载有奇事发生，皇宫中的“大同殿”中的柱子上一夜之间生长出了灵芝，并且有神光照耀着大殿，祥云缭绕不断。这时，文武百官都上奏皇帝生日设为“千秋节”实为欠佳，于是唐玄宗顺应天道改“千秋节”为“天长节”，寓意大唐国运天长地久。

后来，唐后期王朝衰微，这“天长节”也不再举办，也不会有王维那样的诗人去吟咏它。幸而后来八月十五被称为“中秋节”而流传了下来。

天宝八载（公元749年），随着均田制的瓦解，在李林甫的奏请下，唐朝府兵制度逐渐消亡。募兵制的实行，使得勇武有力的精兵尽数集中在边陲，且为藩镇私有，这导致了藩镇割据日渐滋生。

是年六月，王维人在长安仍旧任库部郎中，这时与卢象、裴迪还有内弟崔兴宗多有交往，曾有留诗《与卢员外象过崔处士兴宗林亭》：

绿树重阴盖四邻，青苔日厚自无尘。
科头箕踞长松下，白眼看他世上人。

这是王维当年和卢象还有裴迪一同去崔兴宗所在的林亭游览时所作的诗，意在赞扬崔兴宗不同流合污的清高品质。

游览赋诗，诗酒同娱，怎少得了一个清幽的好去处。看那崔兴宗所住的地方，绿树掩映，泉水泠泠有花香四溢，室内一尘不染与主人相映衬。

主人崔兴宗席地而坐，头不戴帽，只轻轻地把长发挽成髻。他席地而坐也就算了，偏偏伸足不守礼法，若是被孔子看见，则是倨傲不敬。《论语》有载，孔子看见老朋友伸足而坐时非常生气地把友人痛骂一顿，而且还用手杖敲打他的小腿。

可崔兴宗只是一个孤高傲世的隐者，又怎会拘泥于世俗的礼法，这些在王维看来，更显友人的清高与孤傲。

对于崔兴宗的处世之道，裴迪说得很对，“逍遥且喜从吾事，荣宠从来非我心”，散发在窗，高卧看窗外柳树成荫，这些从来都是自己的事情，喜乐在心，何须诸多礼法约束。

王维、卢象和裴迪的到来，对于崔兴宗来说是一件快乐的事情，他也曾写诗酬谢友人光临这深在空林，门扉久闭的房舍。终日悠然独对高山，今日能得友人来访，即使穿反了鞋子也不耽误开门相迎的笑颜阵阵。

屏居丁母忧

天宝九载（公元750年）春，王维为母丁忧，离开朝堂屏居辋川庄（位于蓝田县的蛲山之间），这里青山川水环绕，幽谷遍布，举目皆是瀑布溪流。古时，蛲山之上的川水和两岸山涧的溪流齐齐汇入欹湖，人从高山上俯视，这蛲山之中恍若一个马车的轮轴，因此这里就叫作“辋川”，因为“辋”是指车轮外周同辐条相连的圆框。

辋川之地风景秀丽，素来得文人墨客的青睐，并有“终南之秀钟蓝田，茁其英者为辋川”的美誉。

期间，有友人来探望，遂留诗《酬诸公见过》：

嗟予未丧，哀此孤生。屏居蓝田，薄地躬耕。

岁晏输税，以奉粢盛。晨往东皋，草露未晞。

暮看烟火，负担来归。我闻有客，足扫荆扉。

箪食伊何，副瓜抓枣。仰厕群贤，皤然一老。

愧无莞簟，班荆席藁。泛泛登陂，折彼荷花。

静观素鲔，俯映白沙。山鸟群飞，日隐轻霞。

登车上马，倏忽云散。雀噪荒村，鸡鸣空馆。

还复幽独，重欷累叹。

这是一首四言长诗，描写了王维离官屏居辋川庄的一些生活。

“嗟予未丧，哀此孤生”，这一年王维四十九岁，却是妻、母皆丧，唯有和弟弟王缙一起生活在世上，为守母丧。王维屏居在辋川庄中，躬耕田野，和平头百姓一样缴纳赋税。晨起去水边向阳的田园劳作，那时草露还未干，泛着明亮的水光煞是玲珑可人。日暮黄昏，循着远处的炊烟，荷锄而归。

这日出而作，日落而息的日子算来也充实，冲淡了些许悲恸。有时候，王维得知友人要来辋川庄探望，就热情好客地打扫好门扉静候好友的到来。

“泛泛登陂，折彼荷花”，辋川庄内风景优美，山峦叠翠，池湖漫碧，有荷叶田田，荷花香溢远扬。王维与来访的友人们一同泛舟湖上，吟诗作画，弹琴饮酒，兴尽之时，手折荷花，好不惬意。

朋友来时，可以一同看那泛舟吹起的碧波粼粼，看素鲔在水中悠游。水天相接，白沙掩映，山鸟角逐，日暮轻霞，友人登车离去了，忽然云烟消散，鸟雀响彻了这偏远的乡村，留他独处一室，念起往昔，屡次叹息悲泣。

王维写这首诗，是为了感谢友人来辋川庄看望自己，让他的生活多了几分生机。

离朝归隐辋川庄对于王维来说并不算一件很糟糕的事情，毕竟他曾多次在写给友人的诗与信中表达归隐的愿望。

自天宝元年以来，李林甫等人越发专权，政治黑暗、仕途坎坷，这些都成为王维欲归隐的原因。最重要的是他性本好佛，晚年更加虔诚，而在辋川庄他有更多亲近大自然的机会。

归隐可以远离红尘的喧嚣，让心灵有一个栖息之地。辋川庄是他在开元年间就购下的庄园，经过多年的精心修缮，昔日荒芜的田园山庄已经变成风景秀丽的辋川庄，让人赏之心悦，但这并不是世外桃源，而是一个充满人间烟火情深的地方。

冬日的清晨，雪花从天上飞舞盘旋而下，一片片没入山野乡邻，王维推开门，举目白雪茫茫，不由得想到了胡居士。因此，他写下一首五言律诗聊以遣怀，这首诗为《冬晚对雪忆胡居士家》：

寒更传晓箭，清镜览衰颜。

隔牖风惊竹，开门雪满山。

洒空深巷静，积素广庭闲。

借问袁安舍，翛然尚闭关。

诗中的胡居士是一位隐者，隐居地离王维的居所不远，王维经常和他探讨佛法。冬日大雪纷飞，天气异常寒冷，被寒冷冰冻的报晓更声阵阵传来。诗中的“晓箭”古时常指拂晓时漏壶中指示的时刻，“箭”是古代计时仪器中的箭标，能够按时刻报更。

清晨起来，在明镜中无意看到自己逐渐衰老的容颜，忽然隔着窗户听见外面风吹动竹子沙沙作响的声音，随即起身推门而出。

原来，白雪皑皑已满山头。雪满山，风吹竹，这漫天漫地的冬景让人眉目含趣。

丛竹摇曳，雪满群山，“洒空深巷静，积素广庭闲”，那晶莹洁白的雪花纷纷扬扬地从天上随意飞舞而下，悠扬、悠扬，使那小巷幽宁，似雪般幽宁。

在《世说新语》中有这样的一个典故：谢安曾在下雪时把子侄们相聚一起，意在作诗咏雪，他的侄子谢朗答“撒盐空中差可拟”，而侄女谢道韫却道“未若柳絮因风起”。

这雪落下来与什么最像呢？如同在空中撒盐，也可比作柳絮凭着风飞舞，而在王维的笔下，这开门可见的雪花，是小巷的悠远绵长的菱窗花，是庭院深深的清闲物。这清晨的雪，带来的不单是寒冷，还有那令人思绪无穷的娴静。

王维看着漫天飞舞的白雪落到地面，层层积起，这天地很是寂静冷清，不知道体弱多病的胡居士现在怎么样了。

“借问袁安舍，翛然尚闭关”这冰天雪地里，试问胡居士您在家过得怎么样，想必是坦然地高卧在室，那柴门紧闭如初吧。

王维在尾联用了一个典故，袁安是东汉汝南人，有一年天下大雪，穷苦人家都出来扫雪讨饭过活，只有袁安的家门被积雪封住，当地县令以为他已冻死在家，就命人扫雪进去查看，却见他依旧在床上睡觉。当别人问他为什么不出去觅食时，他却答：“大雪天大家都在挨饿，他更不该去求人。”

把这个典故运用到诗中，王维是想借袁安喻作胡居士，表达对胡居士穷且志坚精神的敬仰。可是在敬仰之间，他雪夜怀人，更多的是对胡居士的关切。

胡居士家境清寒，一生信奉佛教，后来，胡居士卧病在床，王维还送米去周济他。

王维的雪中送炭，如冬日之暖阳。

在辋川，王维除了和胡居士有交往，更多的还是和崔兴宗、裴迪交游。

天宝年间，唐玄宗宠爱杨贵妃，无心朝政，奸相李林甫专政，政治黑暗。崔兴宗对官场厌恶，去官归隐。那年初秋，崔兴宗想要去辋川南边的终南山下隐居，王维和裴迪骑马前去为他饯行，在马背上他们顺口吟诗送别崔兴宗。

王维在马背上所作的诗为《崔九弟欲往南山马上口号与别》，主要表达的是相送友人的依依惜别之情。

城隅一分手，几日还相见。
山中有桂花，莫待花如霰。

崔九弟即崔兴宗，他和王维、裴迪同居辋川，这时他打算前往终南山。王维在马背上看着崔九远去，想来今日分手又不知道何时才能相见，可还是现在离去吧。因为现在出发的话，能够赶上终南山的桂花盛开，若是等到落花如雪，那就辜负了自然的良辰美景。

在吟诵这首诗时，王维的内心是复杂的，一方面与友人依依不舍，一方面又希望他能够赶上桂花盛开的好时节。

相对于王维的自然率真，裴迪写的送别诗多了几分理趣。裴迪写的是《崔九欲往南山马上口号与别》，诗中多用典故，是一首劝勉诗。

归山深浅去，须尽丘壑美。

莫学武陵人，暂游桃源里。

裴迪语重心长地劝慰崔九，既然决定要隐逸山林，那就尽情地去欣赏那丘陵川壑的秀美胜景，千万莫要学陶渊明笔下的那个武陵人，在桃花源简单游览一番就匆匆出山。诗中用词用典晓之以理，动之以情，尽显朋友情深。

次年，王维仍身居辋川守母孝。秋夜独坐庭前时，夜静蟪蛄悠悠作响，庭中的槐叶随北风飒飒，真是秋高气爽的好时节。这时，他想起远在终南山的崔九弟，不由吟道："吾生将白首，岁晏思沧州。"崔兴宗在终南山，他写诗《秋夜独坐怀内弟崔兴宗》以寄。

第五章 犹问王孙归不归

王维不但善绘水墨山水画，也可以描绘边塞雄浑壮阔的大漠孤烟和长河日落。无边无际的大漠上，不见草木和人，远眺天际，唯有一股孤烟拔地而起，它奋勇地直冲云霄。孤悬天际的落日又红又圆，直抵长河并与之交会，看上去粗犷而壮美，令人身临其境般领略边塞大漠独特的风景。

辋川吟式微

天宝三载（公元744年），王维在长安任左补阙时购得宋之问的辋川庄，并开始用心经营。王维尚未丁忧离朝时，每每到了休沐或日常闲暇都会去辋川庄小憩。王维守母孝时隐居在辋川庄，并命名为辋川别业。

辋川别业是一座天然的园林山庄，因地而建，有山林湖泊之胜景，别具雅趣，王维还写了一首《辋川别业》的诗。

不到东山向一年，归来才及种春田。
雨中草色绿堪染，水上桃花红欲然。
优娄比丘经论学，伛偻丈人乡里贤。
披衣倒屣且相见，相欢语笑衡门前。

诗中主要描写的是田园生活，诗中格调清新明快，意境优美怡人。

“不到东山向一年，归来才及种春田”首联所描写的是王维已经离开辋川将近一年了，这里的“东山”就是辋川别业所在的蓝田山，如今为守母孝回到辋川别业正好赶上春耕时节。

春色撩人，田间绿草在春雨的洗涤下愈发明亮，真是青翠欲滴可染衣，远远看去绿野连绵。再看那夹岸桃花，纷纷然绽放，红艳艳的一片，旺盛如火般燃烧起来，十分动人。王维用明丽的色调把这秀美清新的田园春景描绘了出来。

惹人怜爱的是这满眼绿草与桃红，王维曾在《田园乐七首·其六》中也写道：“桃红复含宿雨，柳绿更带朝烟。”这桃红柳绿的好时节，真该到那山野去看看被一宿春雨洗新过的桃花，再隔着烟雨一赏碧绿的柳丝。辋川庄真是个好地方，王维时常在庄内看花开花落，不必嘱咐家僮勤扫那凋零在地的落花，直到黄莺啼叫也可酣眠。

辋川的人们得知王维从长安回来后，纷纷前来相聚畅谈。那些佛家弟子前来和王维谈论的是佛教三藏中的经藏和论藏；年老的乡贤前来和他谈论春种秋收。

他们来时披衣倒屣，情急到只将衣服披在身上，更是把鞋倒着穿就出门，他们就这样和王维站在柴门前开怀谈笑。乡邻的淳朴让王维倍感温馨，诗中处处都表现出王维对乡间田园生活的喜爱。

在回到辋川庄前的一年初夏时节，王维曾到渭水两岸游览，并作有一首著名的田园诗《渭川田家》：

斜阳照墟落，穷巷牛羊归。
野老念牧童，倚杖候荆扉。
雉雊麦苗秀，蚕眠桑叶稀。
田夫荷锄至，相见语依依。
即此羡闲逸，怅然吟式微。

王维到渭水两岸时正是傍晚，夕阳带着晚霞笼罩了宁静的村落，牛羊归来时的叫声划破这层恬静却不显得突兀。“暧暧远人村，依依墟里烟”，陶渊明也有诗描写傍晚时分的乡村情景。王维在诗中写下的是“斜阳照墟落，穷巷牛羊归”，小小的巷子有三三两两的牛羊穿过，夕阳的霞光伴着家家炊烟，袅袅吹散，是时候回家了。

这首诗的诗眼是“归”字，首联写的是夕阳西下，牛羊归来的“归”，颔联写的是牧童归来。

忽然，极其温馨的一幕撞入王维的视线。在一户人家的柴门前，一个慈祥的老人拄着拐杖向村头的小路张望着，正等候着去放牧的小孩归来。那牧童赶着牛羊越来越近，王维仿佛看见他们的言笑晏晏，仿佛这一切情与景都活了。

转眼再去看那麦地里的野鸡在鸣叫唤归，小麦也即将抽出麦穗，吃饱桑叶的蚕儿卧在稀稀疏疏的桑叶上休眠。田间的农夫们正扛着锄头回来，他们在田间相互攀谈，闲聊家常。

看到此情此景，王维拍手道："即此羡闲逸。"他最羡慕的还是这种闲逸的生活，可是他当时还不能实现归隐田园的愿望，只能惆怅地吟咏"式微"。"式微"典出《诗经·邶风》中的"式微，式微，胡不归"，夕阳已下，牛羊牧人已归，独他彷徨在路，不知所从。

如今看来，他的归处是辋川庄，在辋川庄内王维可以过上隐逸的生活，不再惆怅反复吟咏式微。

《渭川田家》这首田园诗不事雕琢，诗以白描之笔，使这人与物浑然一体，以达到物我合一的境界。

回到辋川庄后，王维过起了隐居山林的田园生活。他的诗歌体裁也转向田园图景，无应制诗之束，也没边塞诗之豪放。诗歌格调清新，色彩明丽，多有对自然风光的欣赏与赞美，再来感受一下他的一首田园诗《山居即事》：

寂寞掩柴扉，苍茫对落晖。

鹤巢松树遍，人访荜门稀。

绿竹含新粉，红莲落故衣。

渡头烟火起，处处采菱归。

王维回辋川庄隐居是为了守母孝，刚开始时他心情沉郁寂寞，首联写的是他沉寂地把门扉紧紧掩上，在苍茫的暮色之中望着晚霞余晖。

毕竟，刚回到辋川庄，远离了从前的生活，如今能够过上闲适的隐居日子，心理变化却也需要时间去适应。当他心觉寂寞时，出门掩上柴扉，到山中去散步解闷。

夕阳余晖未散，霞光照满山，鸟鹤纷纷归巢，山中的松树很是茂盛，飞鹤不时在其中穿梭。远近行人缓缓而来，把柴扉紧紧关上，这山间越发的宁静。

“绿竹含新粉，红莲落故衣”，诗中的“绿竹”对“红莲”，“新粉”对“故衣”，山中的嫩竹节节高升，已经添上了一层层白色的茸粉，池边的荷花已然落下败叶。看起来这嫩竹荷花煞是清新可爱，王维在诗中采用“嫩竹”和“荷花”两个意象，把山居的环境描写得清新雅致，格调清远。

举目而望，远处渡口点起来星星点点的渔火，采菱的人正荡舟归来。

这首诗给我们塑造了一个寂寞又品行高洁的隐士形象，王维是这山中之人，过的也是山居生活，这辋川庄是他写诗作画的灵感之地。大自然是那么的鲜活生动，人的心有时候却是沉寂的，但愿景与情能交融，为这爽朗清妙的人。

南宋辛弃疾退隐上饶时也写过一首描写山居生活的诗——《满江红·山居即事》：

几个轻鸥，来点破、一泓澄绿。更何处、一双鸂鶒，故来争浴。细读离骚还痛饮，饱看修竹何妨肉。有飞泉、日日供明珠，三千斛。

春雨满，秧新谷。闲日永，眠黄犊。看云连麦垄，雪堆蚕簇，若要足时今足矣，以为未足何时足。被野老、相扶入东园，枇杷熟。

辛弃疾的山居生活是“几个轻鸥，来点破、一泓澄绿”看鸳鸯逐水嬉戏的闲适，也有“细读离骚还痛饮，饱看修竹何妨肉”的豪放，更有“被野老、相扶入东园，枇杷熟”的淳朴亲厚。

王维的诗悠然清远、绝非俗物，读之风雅逸情；辛弃疾的词飞扬闲适、理趣盎然，读之恬淡而隽永。

同赋辋川集

蓝田县辋川镇上有一棵枝繁叶茂的银杏树，传为一千二百多年前王维亲手所植，至今仍繁茂如故。

王维所居的辋川庄有一座文杏馆，文杏馆的风景清雅如画，随处可见的银杏树随风摇曳着金黄色的叶子。秋雨一过，满地金黄，那树上的银杏叶化作了人间的雨，唯美而别致。

文杏馆背对崇山面临湖泊，馆内银杏招摇青翠舒爽，那高大的文杏树周围云雾缭绕。王维曾有诗《文杏馆》歌咏文杏馆的环境。

文杏裁为梁，香茅结为宇。

不知栋里云，去作人间雨。

“文杏裁为梁，香茅结为宇”，王维所修建的文杏馆用的是“文杏”“香茅”这些珍稀而脱俗的建筑材料，文杏馆屋宇精美，建筑在崇高之地，这栋梁间的烟云似乎可化作人间雨，远远看去清远而禅韵无穷。

《文杏馆》这首五言绝句出自王维和裴迪同创的《辋川集》当中,《辋川集》是一部田园山水诗集，当年王维回到辋川山谷后，和知己裴迪渔舟唱晚，弹琴赋诗，啸咏终日，曾一同聚集他们所创作的辋川胜景诗辑成《辋川集》。

王维在《辋川集》中有序曰：余别业在辋川山谷，其游止有孟城坳、华子冈、文杏馆、斤竹岭、鹿柴、木兰柴、茱萸沜（畔）、宫槐陌、临湖亭、南垞、欹湖、柳浪、栾家濑、金屑泉、白石滩、北垞、竹里馆、辛夷坞、漆园、椒园等，与裴迪闲暇，各赋绝句云尔。

辋川庄依山川而建，其中融合王维诗、画和园林的审美情趣，远近连绵之间建成了这样一个可居、可游、可歌亦可吟的秀美山庄。

王维在辋川庄时居住的地方是孟城坳，这是辋川最宽阔的川道，因有古城堡闻名。在王维眼里，这孟城坳带有视昔而悲的情感，他曾和裴迪共登古城之上，看人来人往，看那古城边的衰柳，有感而赋《孟城坳》：

新家孟城口，古木余衰柳。
来者复为谁？空悲昔人有。

往日这里古树参天、杨柳依依的景象不在，看到这由盛而衰的景色不由得情随景迁，有种“后之视今，亦犹今之视昔，悲夫”的感慨。宋之问曾文采出众，后两度贬谪，客死他乡，这辋川别业也随之荒芜。如今王维搬来此处，不免落入“空悲”。

王维与裴迪上下游览华子冈，这里草木葱翠，登高可见辋川水波起伏。王维有诗《华子冈》：

飞鸟去不穷，连山复秋色。
上下华子冈，惆怅情何极。

写那飞鸟不尽，连山秋色，看之有惆怅之情。同游的裴迪也同名诗曰“云光侵履迹，山翠拂人衣”，写得细腻而洒脱。

两人隐居山林，对当地的美景有流连忘返之情，那时夕阳披霞，松风送爽，漫步于途，不觉沾染了草上的露珠。侵染的是身后长长的足迹，山色如此青翠灵动，拂动的是诗人的心。

夕阳的余晖把他们的身影拉得很长很长，他们在华子冈站了很久很久。前时来的时候，朝露未晞，现在回去则暮色低垂，可看见那远山灯火，明灭万里，那是他们见到的最让人流连的景色。

天宝年间，王维隐居辋川庄后和知己裴迪畅游辋川内的二十处胜景并逐一赋诗，其中的第五首是《鹿柴》：

空山不见人，但闻人语响。
返景入深林，复照青苔上。

鹿柴在辋川内，附近景色幽美，特别是在夕阳西下时分。关于《鹿柴》这首诗倒有一件趣事妙闻。传在北宋时，词人秦观在汝南任职时身患疾病已久，当看到朋友给他带来的《辋川集》画卷时，翻开一一欣赏了里面的胜景，如身临其境。当看到鹿柴风景图时，他结合《鹿柴》这首诗一同欣赏，这沉疴竟是不治而愈，这个传闻出自秦观的《书辋川图后》中的自叙。

这美的感染力竟如此之大，鹿柴只是深在人迹罕至的空山之中的一处清幽之地罢了。深林内古树参天，杳然了无人迹，王维游览到此地宛如进入空寂之境。

虫鸣啾啾，流水潺潺，幽静的山谷虽空旷不见人，却能听见人语的声响，瑟瑟风声之中人语一响而过。人语过后是万籁俱寂的复归，王维写空山从人声中胜出，使其空谷传声而显愈空。

这深山幽林处处长满青苔。当夕阳的霞光直射入深林，又被返照在这青青苔藓之上。林愈深，阳光愈加斑斓，不料这余晖恰巧给这幽苔带来格外明媚暖人的光，甚是圆润可人。

在王维眼里，即使是深山老林也有朝夕晦暝，看那斑斓入青苔的霞光最显生机。想着明明觉得很是幽冷，看着又觉有暖色。王维在一二句用声衬静，在三四句则用色写景，“复照”二字甚妙。

王维在辋川庄时对探索幽趣甚上心，此次独自前往鹿柴，逢着夕阳返照在深林青苔上的情景，料想甚妙。

这青青空山，这深林日落和那泛光青苔皆是自然澄净，也因看它们的人心静，才能得此不尘不染之景观。

这样的妙境难和俗人共言，可惜当时裴迪没有一同前来。后来裴迪也游览了鹿柴，留诗，“日夕见寒山，便为独往客。不知深林事，但有麏麚迹”。裴迪去鹿柴时也是傍晚日落时分，只身独往不知这林间的事情，这里曾发生过什么事也消散无迹，独独留那麏麚奔跑过的足迹。

裴迪的所谓“不知深林事”和王维的“复照青苔上”有衔接之妙趣，裴迪所不知道的事情，恰恰王维已去探索过。这空山有人语，这空山青苔也有晚霞相照成彩，斑斓深处，有返景之趣，此妙手之偶得，若裴迪在，可与之共语。

后来，他们同赋《木兰柴》，那时木兰树林夹溪夹岸地烂漫无边，秋山敛起了落日的余晖，留那半轮夕阳悬挂天际，闪烁斑斓这满山的秋色。飞鸟呼朋唤侣相互追逐飞入山林，逐渐淹没入那夕阳掩映的山岚之中。

有时，他们又会同去看那山中的茱萸花，然后漫步植满宫槐树的落英大道，一直走到欹湖欣赏满湖风光。

那日，王维和裴迪在欹湖饯别好友，有留诗《欹湖》：

吹箫凌极浦，日暮送夫君。

湖上一回首，山青卷白云。

洞箫声远，长天日暮，如今送别，湖上一回首，瞬时山静云飞，一片萧瑟哀婉。

“欹湖”是辋川庄一处著名的胜景，辋川水从东南向西北汇聚，因峡谷蜿蜒，流水受阻形成湖泊，又因湖是西南高东北低，形成倾斜状态，因此命名为欹湖。裴迪有诗“舣舟一长啸，四面来清风”，三五知己好友，同游欹湖，弹琴吟啸，四面吹来阵阵清风相和，甚是美妙。

长天一色，青青然，湖面天光，白云舒卷，时有怅然，时有离愁，随长啸散于清风。

欹湖对于王维来说，不单单是一个饯别送友的地方，在这里有他关于交游的美好记忆。

欹湖岸边有一座雅致的亭子名为“临湖亭”，临湖亭四面临风，遍植芙蓉，清风朗月时，荷风送香来。

平日里，王维喜欢邀请知己好友前来相聚。他乘着小船到岸边迎接朋友，小船在湖面上悠悠然荡开，抬手拂过湖中的荷花，唯掬一袖芳菲。王维一身长衫，迎着朋友到临湖亭饮酒谈诗，微醺入目则是四面盛开的莲花，王维吟道，“当轩对樽酒，四面芙蓉开”。

可在裴迪眼里，这临湖亭却有另外一番感受，“谷口猿声发，风传入户来”。裴迪在临湖亭独赏孤月，隔岸的猿声随风而来，让人压抑于这徘徊的孤月影中。

王维举杯劝慰裴迪，这世事浮云不值得关心，看这四面芙蓉，领略这朗月清风的美好，只需陶醉就好，无须伤悲。

在《辋川集》中，王维有不少著名的诗，写景如画的就有

《栾家濑》：

飒飒秋雨中，浅浅石溜泻。
跳波自相溅，白鹭惊复下。

王维用白描的手法写那如烟的秋风，写那明净如绢的流水，写那被惊吓的白鹭。“画是无声的诗，诗是有声的画”，王维以动写静，使其笔下的栾家濑宁静如画。

在他笔下，辋川胜景二十处，有晶莹剔透荡漾着金碧色的金屑泉，也有清浅朗净的白石滩。

隐居辋川庄的王维，时常独坐在幽静的竹林之中，弹琴长啸，歌以抒怀。

辋川庄中有一胜景在竹里馆，那里四周都是翠竹，无风自动，让人心境澄明。王维喜欢这清幽的竹林院落，曾留诗《竹里馆》：

独坐幽篁里，弹琴复长啸。
深林人不知，明月来相照。

他对月独坐，披衣抚琴，以弹琴长啸的方式让这幽静的竹林月夜热闹起来，性子甚傲。不想这竹林深深竟无人知他高人王右丞，他笔下最传神的一句就是尾句，单单那独坐便把明月引来相照，银辉倾洒，竹风揉碎了一林长啸。

那一轮皎皎清月，是知己是好友，是竹林深深最能相伴的光辉。人不知，而明月来相照皆是妙绝天成。

他于月下鸣琴，那清风与翠竹摇曳，似已成韵，为其伴奏。此般美景，若非有缘，又怎能有幸遇见？

裴迪曾和王维来过竹里馆，裴迪说这竹里馆最是适合修身论道，这里可以有山鸟，却不会有俗人。

裴迪仰天长啸，明月给王维抚琴的背影镀上清辉，这漫天漫地，都是竹林清月的摇曳生辉。

此情此景，当奏一曲笑傲江湖！

携手本同心

风景日夕佳，与君赋新诗。

澹然望远空，如意方支颐。

春风动百草，兰蕙生我篱。

暧暧日暖闺，田家来致词。

欣欣春还皋，淡淡水生陂。

桃李虽未开，荑萼满芳枝。

请君理还策，敢告将农时。

——《赠裴十迪》

诗中的“裴十迪”即裴迪，因他在家中排行第十，因此被王维亲切地称为裴十。裴迪曾和王维同隐终南山，后前往长安应试。直到春来百草欣欣之时，王维写了这首《赠裴十迪》希望他能回到辋川庄相聚。

王维在辋川庄时，看到那份独好的风光时，不由得想与裴十分享。

在“山气日夕佳，飞鸟相与还”的傍晚时分，辋川庄的风景就特别美好，此时此刻，想和好友一起赋新诗的心情油然而生。

在四面芙蓉开的临湖亭中，王维手执如意抵着腮，面容恬静地看向那高而远的晴空，或是凝视，或是陶醉。

开阔啊，这风光宜人的辋川庄！春风吹动他的衣袂，远近花草已吐芳，欣欣然，兰蕙香草从屈原的《楚辞》穿越而来，悄然生长在王维的竹篱下，随风萌动。香草为邻，裴十为友，此时，万物复苏，裴君也当归来了吧？

临湖亭日落时分吹起来阵阵凉风，王维遂乘舟归去，融融暖暖的霞光洒满了村落。王维刚回到屋舍，村里的农人正巧前来串门，闲聊农桑。迷蒙隐约间，王维想起来和裴十渔舟唱晚的情景，那时，薄暮正好，夕阳的余晖带着几分活跃的气息。

裴十，你在长安应试之后也该回来了吧，辋川庄的春天已经来了。这里草木欣欣向荣，蓬勃生机，你看那大大小小的池塘在春风的吹拂下，泛起了圈圈涟漪，引得池中的浮萍阵阵向四周散开。再看那满山遍野的碧野，虽不见大片桃花梨花盛开，可它们却在春风春雨下冒出新芽。

桃花已含苞待放，带着几分急切，如果可以，王维想这桃李可徐徐开放，能够等到裴十缓缓归来。

裴十啊，请你赶紧带好你的手杖，我劝你要尽早归来，不要延误了农时。

王维以风景相邀，以农时相邀，以真诚相邀，想让裴十离开长安来到辋川庄。在这乱世之中，若能一同吟诗交游，则是最美好的事情。

除了以诗相邀，王维还曾写信邀请裴迪前来辋川庄，这封书信名为《山中与裴秀才迪书》：

近腊月下，景气和畅，故山殊可过。足下方温经，猥不敢相烦，辄便往山中，憩感配寺，与山僧饭讫而去。

北涉玄灞，清月映郭。夜登华子冈，辋水沦涟，与月上下。寒山远火，明灭林外。深巷寒犬，吠声如豹。村墟夜舂，复与疏钟相间。此时独坐，僮仆静默，多思曩昔，携手赋诗，步仄径，临清流也。

当待春中，草木蔓发，春山可望，轻鲦出水，白鸥矫翼，露湿青皋，麦陇朝雊，斯之不远，倘能从我游乎？非子天机清妙者，岂能以此不急之务相邀？然是中有深趣矣！无忽。因驮黄檗人往，不一。山中人王维白。

这是王维写给裴迪的一封书信，也是唐朝散文名作。全文写尽辋川庄的景色，以景色相邀，让情感显得自然而巧妙。

临近腊月的辋川庄气候舒畅得很，山色怡人，值得一一游览。只是你现下正在温习备考，因此我便不多打扰你，独自去山中游览了。路过感配寺时稍作歇息，和寺中的主持谈经吃饭后便离去。

一路北渡灞水，此时，有清月映照城郭，山色清明朗然。伴随着清辉，夜登华子冈，看那辋川山水泛起的涟漪，月映其中，甚是清幽。

远山灯火明灭闪烁，深巷犬吠如豹，村中不时传来舂米的声音。

钟声响起时，王维独坐华子岗，随从的童仆昏昏欲睡。这时，远看暮色苍茫，不由得想起与裴迪曾经一同赋诗的情景，漫步落英缤纷的小径，倾听流水潺潺，当真历历在目。

王维想，若是等到了春天，万物欣欣向荣时，这辋川庄的山色更佳。欹湖里的鲦鱼跃出水面，湖上的鸥鸟展翅高飞，晨露润泽青青草地，麦田里的雉鸟在清晨鸣叫，草木染绿了辋川。

只要腊月一过，万物归春不远矣！只是裴十你能来和我一起游玩吗？若不是你天机清妙与众不同，我又怎会以此不急之事相邀呢。只是这山色甚是有趣，希望你能来。

王维写下这封书信托运黄檗出山的人带给裴迪，希望裴迪来年春天能够前来辋川庄和他一同欣赏这动人的春色。

春去秋来，王维的诗书一封封从辋川庄送出，去邀请那个天机清妙的人来欣赏这辋川的大好风景。可惜，裴迪并没能马上赶回，王维便把裴迪回来后将遇到的情景都设想好了，并写诗《辋川闲居赠裴秀才迪》以寄。

寒山转苍翠，秋水日潺湲。

倚杖柴门外，临风听暮蝉。

渡头余落日，墟里上孤烟。

复值接舆醉，狂歌五柳前。

辋川庄一到了秋天，远近寒山只见草木苍翠，显得格外郁郁葱葱，秋水隔山隔岸地源源流淌着，直流到看不见的远方。时在寒秋，你若回来了，定能欣赏到这满山的苍翠，还有那日日潺流不息的泉水。

此刻的我，拄着拐杖，依靠在门扉，迎风细细听起暮蝉的鸣叫。时而抬首，满目山色在眼，可惜不见你来时的光景。

倚仗临风，看寒山秋水也罢，看渡头日落、看墟里孤烟也好，这山色满目，我也自在画中。只是，我最想要的还是“复值接舆醉，狂歌五柳前”。

诗中的“接舆”是春秋楚国人，好养性。他曾为了不出仕，而假装疯狂，在诗中王维以“接舆”借指裴迪。而诗中的“五柳”则是“五柳先生”陶渊明，王维在诗中自比陶渊明。王维在诗中用典写人，楚国人接舆性情豪放，而五柳先生则是一个诗酒自娱的隐士，两人虽然性格不一，但都是高风脱俗。

王维回想当初，又似乎看到了狂放的裴十喝醉了酒，在自己面前纵情高歌的情景。

此情此景，当与佳友饮酒高歌，才是辋川的闲居之乐啊！王维写诗赠予裴迪，所表达的皆是诚邀之意。

终于，裴迪在忙中抽空前往辋川庄，不料，刚到辋口的时候天下起了雨，这时裴迪想起了和王维一同归隐终南山的日子，遂写诗献给王维：

积雨晦空曲，平沙灭浮彩。

辋水去悠悠，南山复何在。

——《辋口遇雨忆终南山因献王维》

“辋口”是王维在辋川别业的所在地，裴迪写诗来问，这天地苍茫，积雨蒙空，辋川水流不息，那终南山已然在雨雾之中，也不怪他会问终南山在哪里。

王维看了裴迪写的诗，欣然地回道：

森森寒流广，苍苍秋雨晦。

君问终南山，心知白云外。

——《答裴迪辋口遇雨忆终南山之作》

秋雨粼粼，辋川水势浩大，隔着这烟波能看见杳杳南山，正是王维所答“君问终南山，心知白云外”，这终南山就在海天白云之外。重逢不问其他，只谈那秋雨朦胧之中的终南山。

裴迪在家温习经书时，王维曾去他居住的地方游访，亦曾有留诗《登裴迪秀才小台作》。裴迪居住的地方很是安静，出门满目云山，平日里他也甚少出门。只是王维还是在他备考时忍不住道“好客多乘月，应门莫上关”。

王维闲居辋川庄，交游的友人不少，可又有谁能得他乘月上门？他希望裴迪的柴扉能为他敞开，好得闲时一同游览这广袤的自然。

裴迪虽有鸿鹄志，奈何仕途不顺，心情沉郁，为此王维还写诗去劝慰他，这首诗就是著名的《酌酒与裴迪》：

酌酒与君君自宽，人情翻覆似波澜。

白首相知犹按剑，朱门先达笑弹冠。

草色全经细雨湿，花枝欲动春风寒。

世事浮云何足问，不如高卧且加餐。

这是一首拗体七律诗，这类型的诗歌是用拗句写成格律诗的体式，诗人刻意求奇，打破固定的格律，虽生涩瘦硬，却崛奇古拙、富于气势。这首拗体七律诗句中带有愤慨之气，他道尽世间不平之事，以此来劝慰裴迪，使得诗歌风格清健有力。

“酌酒与君君自宽，人情翻覆似波澜”，这世上的人情本就反复无常，波澜不定，我也只能给你满斟一杯酒，还望你能自我宽慰。

“酌酒与君君自宽”中的“君”不单单指裴迪，也暗指自身。两个人皆是“举杯消愁愁更愁”，若不是早已经洞彻世态，也不会发这愤然之语，醉也不可消的终究是人情反复。

所谓的人情反复，有一个成语叫“白头如新”。相交到老的朋友依旧会时常按剑提防，贵族富贵之人也会轻薄、打压后来的出仕者。王维使用典故道出了世态炎凉、白首成仇、先达倾轧的愤慨之事。

两人举杯酌酒，无意间看见窗外的野草已经被细雨润泽得越发碧绿，树上开满花的枝条迎着微寒的春风摇曳着。这大自然真是多姿多彩，春雨润泽的是大地，春风摇曳的是百花，从不会偏袒谁，公正无私。

“世事浮云何足问，不如高卧且加餐”诗中的“世事浮云”和“高卧加餐”都是从禅意化用而来，这世上的事情（这里多指公务）如过眼即消散的浮云，哪里值得一一相顾。不如像陶渊明那样高卧北窗之下，享受着徐徐清风；不如珍重身体，照顾好自己。

这不单是王维对裴迪的劝慰关怀，也是对自身的劝说。出仕与入世的矛盾早就在他心中，如今隐居辋川庄在处世态度上多了几分悠然。

这首《酌酒与裴迪》开端道尽世间不平之事，言语愤慨，但结尾又写得超凡脱俗。当然，“何足问”的是那些怀才不遇，不公不平的事情，这诗中前后交错成篇，又用拗体写诗，使得诗风清健有力，布局精妙。

裴迪早年曾在张九龄的荆州幕府中做事，后来前往长安谋取功名，可惜仕途不顺遂和王维同隐终南山。他曾写有《青雀歌》一诗，表露他曾有经世致用之志，“动息自适性，不曾妄与燕雀群。幸忝鹓鸾早相识，何时提携致青云”，想提携致青云，却又不肯同流合污，只能失志归隐。在隐居时，终是看淡名利，虔诚奉佛，“浮名竟何益，从此愿栖禅”。

“世事浮云何足问，不如高卧且加餐。”所以，后来王维在辋川别业，修建临湖亭，别置竹洲花坞，与道友裴迪浮舟往来，弹琴赋诗，啸咏终日。

辋川觅禅音

人闲桂花落，夜静春山空。

月出惊山鸟，时鸣春涧中。

——《鸟鸣涧》

《鸟鸣涧》是王维所作的一首五言绝句，是他所作的《皇甫岳云溪杂题五首》组诗中的第一首。诗写月夜春山的景象，尽显诗情画意间又多了几分禅音禅趣。

开元年间，王维曾漫游吴越，过友人皇甫岳所居的云溪别墅时被云溪（若耶溪）如画的风景所陶醉，遂写下了这首诗。

若耶溪两岸青山重峦叠翠，溪谷纵横，很是澄碧清幽。春日迟迟，王维在傍晚时分漫步幽静秀美的溪谷，看到桂花树枝繁叶茂，其间细细碎碎地开满月白或淡黄的花，眼底的惊喜久久不散。

春风只需轻轻一吹，满树花白落满肩头衣袂，丝丝芬芳扑鼻，清可绝尘间令人神清气爽。

“人闲桂花落”，王维能看见、听见、注意到这细碎的桂花从枝头落到若耶溪边，是因为周遭没有人事的纷纷扰扰，也因为他内心的静。到底是这溪山静谧成就了桂花的纷飞，还是桂花静落成就了这春山寂空，只能说是动静合一，圆融相辅。

再抬头，看那满树飞花，这花啊，即使开得再盛，转眼亦会随风凋零。如同这世间再美好的事物也终将会消逝，所幸的是，落花又留香，落花还有情。

正赏落花纷纷，夜风习来，王维准备踱步回去。霎时，月华漫天漫地盈耀起来，春山溪涧本来寂静无声，可那皎洁的银辉惊起山鸟，绕着这溪涧啼叫连连。

月华破云，所惊起的山鸟让这空空的春山越发寂静，寂静得那么从容祥和。王维写落花是静，写鸟惊是动，诗中“惊”之一字甚妙，所以才有“鸟鸣山更幽”的艺术效果。春山落花，月初惊鸟，如此好景，若非心闲，怎能体会此闲趣。

《鸟鸣涧》这首诗风格清逸，不但是山水佳作，也是一首禅意诗。诗歌中的禅境澄净圣洁，更有洁净清幽、脱俗无尘的山林风景。

落花细碎，唯有万念皆寂的人才能听见落花有声。月出山，鸟鸣涧，这突如其来的“惊”让春山更富生机。情景相生，山景的清灵与诗人内心的安宁禅意和谐，显得诗境富有禅思。

王维信佛，并且以禅入诗，使得诗风空灵多禅机。就如这首《鸟鸣涧》，王维以白描的手法把月夜春山的景象描写得淋漓尽致，可谓是“不著一字，尽得风流”。

王维的母亲在世时持戒安禅，乐住山林，王维亦信佛，在辋川庄长期与禅师谈禅论道，用诗歌来宣扬佛教禅理。日常拄杖村落，垂钓潭边，与好友酌酒临泉，或抱琴倚松。抑或焚香闲坐，步谒禅宫，吃斋奉佛。王维所过的生活，不但富有诗意，亦有禅意。

王维晚年在辋川庄终日以禅诵为事，生活俭朴，斋中无所有，唯茶铛、药臼、经案、绳床而已。他曾写有一诗记录这修禅生活，这首诗就是《饭覆釜山僧》：

晚知清净理，日与人群疏。
将候远山僧，先期扫弊庐。
果从云峰里，顾我蓬蒿居。
藉草饭松屑，焚香看道书。
燃灯昼欲尽，鸣磬夜方初。

一悟寂为乐，此生闲有余。

思归何必深，身世犹空虚。

诗中的“覆釜山僧”是王维开元游历时结识的得道高僧，后来王维隐居辋川庄，这位高僧云游途经蓝田时特地寄信给王维告知来访。

诗的开端写王维晚年喜好清静，极少参与人群聚会。如今得知高僧前来拜访，就打扫好房子准备接待高僧的到来。

那日，高僧从云峰来，拜访王维的蓬蒿辋川居，两人凭草而坐，以松子为饭，服食养生。

若说“松子”是修道养生的食物，那么“焚香看道书”则是修道者的精神食粮。王维修习的是禅宗思想，重在“修心”和“见性”，修成只靠自身的觉悟，自识本心，不必身外求。身在静室焚香品读佛家经典，直到灯火燃尽，白昼方起，磬声阵阵响起时才悟得真理。唯有了悟真理，方得身心解脱，王维以参禅为乐事。

诗的最后，他以“身世空虚”为由挽留高僧。本是寻常留客，可王维说的却是佛语，可见他禅悟之高深。

王维善以禅入诗，在辋川庄隐居的日子里，最亲近的是大自然的山水，并且能将山水意境与禅思相结合创作出禅意诗。他钟爱辋川庄的“静”“远”“空”，把佛家寂、空、闲写诸笔端，这些禅意诗读来能给人恬淡宁静之感。

王维隐居时常会到大自然中探寻幽静，那山林古寺就是他的寻访处。水穷处，云起时，踏足深山古寺的王维写了一首游览诗，把他寻访寺院的过程写入《过香积寺》诗中，这首诗虽是山水游览诗，却也闪烁着禅意。

不知香积寺，数里入云峰。
古木无人径，深山何处钟。
泉声咽危石，日色冷青松。
薄暮空潭曲，安禅制毒龙。

诗中的“香积寺”名源于佛教经典《维摩诘所说经》中的“有国名众香，佛号香积”，香积寺是我国“佛教八宗”之一“净土宗”的祖庭。位于古都西安市长安区，该寺坐北朝南，有神木灵草，风光秀丽。

王维当年第一次去访香积寺时并不知道它具体在什么地方，却是洒脱随性地循着茫茫山林走进云雾缭绕的群峰之中。想来，那香积寺就在深幽云隐的幽山之上。

深林古木参天入云，远远看去空无人迹，那寺庙钟声却从四面八方而来，回响不绝。雄浑的钟声，为这幽静的山林增添了几分神秘。古树神秘是幽，层峦云峰是苍茫，迢递远望仍未看见香积寺。

“泉声咽危石，日色冷青松”，此句最工，句中的“咽”和“冷”是炼字典范，“咽”乃拟人，指泉水撞击山石的声音如人低沉哭咽；而“冷”则采用通感手法，夕阳的余晖撒落青松，令那日光也变冷了。王维妙用倒装，生动地写出山中高耸的崖石阻碍流泉时所发出的幽咽撞击声，深林松木摇曳碎了一地夕阳，夕阳的余晖点缀在松林的枝叶上，风不动也觉增添了几分冷意。

一路听声看色，直到黄昏时分才来到香积寺前。寺前有一空阔幽深的水潭，潭水清澈澄明，令他不禁想起佛教中“安禅制毒龙”的故事。

诗中的“安禅”为佛家术语，指人身心安然进入寂空清宁的境界，而“毒龙”在佛教术语中比喻世俗人的邪念妄想。《大般涅槃经》有载：“但我住处有一毒龙，其性暴急，恐相危害。”王维在诗中所讲的佛教故事是，在西方有一水潭藏有毒龙屡屡害人，后来有高僧用佛法制服了这毒龙，这个故事重在说明佛法既可以制毒龙，也可以使人克服心中的妄想。

《过香积寺》这首诗吟咏寺中幽静禅趣，却不从本寺落笔，王维写的是寻山寺时所途经的幽僻深林，并采用佛教术语写寺中禅趣。笔端尽有幽微深邈，塑造神境，妙在幽处见奇，诗品有禅。

王维在辋川庄采取林间独游的方式修习禅宗，以此来获得心静无扰的享受。当然，参禅也有其他的方式，《旧唐书·王维传》中有载："退朝以后，焚香独坐，以禅诵为事。"王维在诗中也多次写到"闲居净坐"的禅习生活。

辋川庄自然胜景很多，青翠的松柏、初发红萼的芙蓉花、白云、银杏等五彩斑斓组成了大自然。自然总是生机勃勃，因着四季轮回，纷繁变幻也在万物之中。佛教术语中的"因空见色"和"因色见空"都是真空之理。

辋川僻静，山中花开花落，一草一木从春到冬，从生到死，皆属自然规律。而"圆融"则是自然和人心的和谐融洽，是生活的淡泊随性，是一种平常心。王维就是以这种平常心去寄情山水，去感受自然的轮回变化，感受人际交往的和谐。

也正因为这种禅与世的圆融，王维在辋川庄才能以平常心去感受山林的生活之美。

前生应画师

积雨空林烟火迟，蒸藜炊黍饷东菑。
漠漠水田飞白鹭，阴阴夏木啭黄鹂。
山中习静观朝槿，松下清斋折露葵。
野老与人争席罢，海鸥何事更相疑。

——《积雨辋川庄作》

登高举目眺望，初夏久雨初歇的辋川庄恍若一幅淡雅秀丽的水墨画。积雨潮湿的林间袅袅升起缕缕炊烟，远处的农家三三两两有人出去又有人荷锄归来。农妇忙着蒸藜炊黍去给东边田里干活的农夫送饭，烟火迟迟升起，和着湿润的山野空气。

看，辋川水田广布，一眼望去翠绿苍茫，田野上空翻飞着活跃的白鹭；再听，茂密的夏木林中传来时远时近的黄鹂鸣叫声。积雨初歇的空蒙感渲染了开阔而深邃的田野景象，这声色婉转把积雨的辋川庄映衬得画意盎然。

王维以诗笔描物，一唱无垠广袤的原野，一绘飞鸣的黄鹂白露，给予辽阔的天空以活力。

那是诗啊，却也是画！鹭的白，鹂的黄，水天的广漠，夏木的幽阴，无论是动还是静都朗朗上口，成画在蒙蒙的辋川庄。

王维的住所在空山之中，屋外乃至林中开满大片的木槿花。木槿为落叶小乔木，花有红、白、紫等颜色，形似钟。木槿花，花开朝，花落暮，古人用之来象征事物变化之快以及时间短暂。王维喜静，常常独在山中看木槿，悟人生。

王维曾写诗笑谈，“一悟寂为乐，此生闲有余”，把身心禅意一同寄托在辋川的山水田园之中。他日看木槿花开花落，悟人生枯荣无常。松树下经霜的葵菜是他的清斋素食，采摘好葵菜回到住所，以此佐餐。

“野老与人争席罢，海鸥何事更相疑”，王维在这句诗中运用了两个典故来说明自身已做好无世无争的事情。这第一个典故出自《庄子·杂篇·寓言》中的杨朱向老子学道的故事。杨朱去学道途中，旅舍主客都欢迎并给他让座，而等他学道归来，人们不但不给他让座还和他“争席”，这说明杨朱习得自然之道和人们能够没有隔阂地相处了。而另一个典故则出在《列子·黄帝篇》，海上有一年轻人与海鸥亲近，后来他的父亲要他把海鸥抓回来，这回他再去海边，鸥鸟远远地看见他便飞走了。是以动机不纯破坏了他和鸥鸟的友好关系，王维在借鸥鸟喻人事。

每日清斋习静，与野老相拄门前谈论桑麻农事的情景永留辋川庄，享山林之乐是王维人生中的一件大事。不然，他也不会登高望远，日日看着这辋川庄的胜景。

王维自是写生画手，贵在胸中无尘，思绪恬澹，才能把这秀美的辋川庄写在诗上，画在自然之中。

无论是边塞大漠、黄河日落，还是深林返景，壮阔的，幽静的，到王维诗中皆是鲜活的。着墨白描，皆成意境深远的水墨画。

说到画，王维有一首五言绝句名为《画》：

远看山有色，近听水无声。

春去花还在，人来鸟不惊。

距离产生美，远看山色有苍翠的、枯红的，无论是俊秀还是苍茫凄凄，有色则是好山。山中有流泉纵横，想走近一听却没有潺潺流水声。日暮春去，百花却盛开不败，花上栩栩如生的鸟儿在人走近时，仍旧不动分毫。

所有的逼真传神成就的是一幅风景画，青翠的山、灵动的水、盛放的花，还有张嘴欢鸣的鸟。画面是鲜活的，那远处的山、近处的水、春去的花、近人的鸟永远栩栩如生地在画卷中长存。

王维“工画山水，体涉古今”，他所画的辋川山水极其灵动，郁郁葱葱的山谷林野，云水自由飞动间带有出尘的意境。王维的山水画和山水田园诗很多是反映他在辋川庄隐居的生活状态，诗意灵动，画意深远，其风格以清新为主。可以说，王维所写的每一首诗都是一幅画。

秋末冬初的辋川山庄格外诗情画意，秦岭山中并不是以萧瑟为基调，冬景是那样的鲜活。王维隐居时有留诗览胜冬景，这首诗名为《山中》：

荆溪白石出，天寒红叶稀。

山路元无雨，空翠湿人衣。

王维在初冬时节去山中游览时注意到了这蜿蜒曲折的荆溪，荆溪源头在蓝田县西南秦岭山中，溪水清澈见底，白石圆润可爱满布溪底。天寒水清浅，潺水声动听悦耳。寒风吹兮，霜叶红树飘零而下，恍如逝去的是整个秋天的颜色，却点缀了一山的冬。是萧瑟、凋零吧？不然，这满山的红叶如同绚烂绽放的红花，哪有半分凄清。即使随风飘零，逐渐稀少，也值得流连珍惜。

枫、槭、黄栌等树的叶子变成绚丽的红色，使得山中有红叶之景可供欣赏。可这山中万物，又怎么会只是“红”这一单调色彩。冬日苍翠松柏是为“空翠”，郁郁葱葱的松柏树满布山中，在寒冷的冬日里，变得浓绿，绿得苍翠欲滴，不需近身也有种细雨打湿衣袂的凉意。

这首《山中》所描写的山中之景，就是一幅由清浅溪石、霜天红叶和空翠山树描绘而成的山中冬景图。虽是水墨画，也让人在脑海中浮现出无尽的斑斓鲜明的色彩，正是“诗中有画，画中有诗”的见证。

王维“以画入诗”使人每吟一首诗便如同在欣赏一幅画，他把诗歌和绘画完美地结合在一起，创造出美。

如山水诗《汉江临泛》中，“江流天地外，山色有无中”

的名句，读起来极有画面感，两岸青山重重叠叠，中间的滔滔汉江长流不绝，泛起的波光衬着江水浩然，山色也空蒙成了一幅水光山色的风景画。

“解缆君已远，望君犹伫立”，那日暮远山处，天愈寒，江水明净而湍急，那人在高处远望着渐行渐远的船帆，伫立成一幅送别图。

王维不但善绘优美的水墨山水画，也可以描绘边塞雄浑壮阔的大漠孤烟和长河日落。无边无际的大漠上，不见草木和人，远眺天际，唯有一股孤烟拔地而起，它奋勇地直冲云霄。孤悬天际的落日又红又圆，直抵长河并与之交会，看上去粗犷而壮美，令人身临其境般领略边塞大漠独特的风景。

王维说自己能诗善画是“不能舍余习，偶被世人知”，笑谈自己不能改变前世的习惯，今日吟诗作画也只是偶然被世人知晓罢了。这真是谦虚了，王维善于在诗中创造意境美，巧妙地把自然和生活中美的画面写入诗中，如《山居秋暝》一诗中，王维以诗意之笔勾勒了辋川庄秋日雨后黄昏的美景图。

空山新雨后，天气晚来秋。

明月松间照，清泉石上流。

竹喧归浣女，莲动下渔舟。

随意春芳歇，王孙自可留。

王维在傍晚时分漫步山中，感受雨过天晴后略带寒气的秋意。

这时，天色渐晚，皎皎明月从松林中照来，洒落一地斑驳陆离的清辉。这松林霎时明亮起来，却见山中溪泉缓缓从山石上流淌下来，在明月的照耀下泛起了粼粼水光，如同一条条白色的银练。

“明月松间照，清泉石上流”是诗，却也是画，如水的月光挥洒在松林间，透过枝丫斑驳一地，也有潺潺流泉在月华之下从石间流过，如银似练。林青翠，月皎洁，泉澄清，色以清淡，调以恬静，意境成空灵。

忽然，竹林中传来一阵阵阵歌声把山景闹活了，寻声而视，四面八方的莲叶纷纷散开，一条条渔船划破了夜月的宁静，给水光山色带来了活力。

王维的诗极有画面感，先是“竹喧”和“莲动”这些有声之象引起人的注意，然后描绘浣女和渔船归来，让整个画面巧附声与色。诗笔淡雅，画面动静结合！

《招隐士》中有诗“王孙兮归来，山中兮不可久留”意为招揽隐士出仕，而王维在《山居秋暝》中则反其道而行之，化典用为“随意春芳歇，王孙自可留”。在他眼里，山中何其好，有青松、明月、流泉、翠竹、青莲等美好自然的景物，任它暮春芳菲去，王孙可自行留在这秋山中。

青山白云、湖光天色，泛舟湖中，赏四面风光，春山在望，夏荷在目，秋雨在衣，冬雪芭蕉。人在赋诗，诗中有画，画中有人也！

第六章 一生几许伤心事

王维虽心有隐逸的情怀，却一直没有弃官归隐。所谓的庙堂与山野并非对立，有人身在朝堂，心在山野；有人身在山野，心在朝堂；当然，两者兼得也未尝不可。因此，在王维笔下的老将才会在躬耕乡野时，也念念不忘举身报国。

黯然销魂者

山中相送罢，日暮掩柴扉。

春草明年绿，王孙归不归？

——《山中送别》

这是王维在辋川庄隐居时所写的一首送别诗。王维的送别诗，诗风明净澄澈、明朗欢快，也有壮阔悲凉、慷慨激昂。这首诗不写送别的依依惜别之情景，而是从“送罢”起笔，极有特色。

一声平平淡淡的“相送罢”看似无情，实则情深，下句的“日暮掩柴扉”道出了王维白天送别友人的时间之长，山中送别可想而知。是以，长亭话别或临亭载舟拂荷相送，抑或登高望远，看着友人满载理想一步步走下山，也许一步一回首，也许只余秋风吹拂衣袂徒留背影。

笔端的“日暮掩柴扉”何妨叫作“寂寞掩柴扉”，古往今来，离人送别，总有一种黯然销魂的寂寞之感。“掩柴扉”的那一瞬间，离愁在心头，看似平凡的一个动作，可在这时却满带思绪。

“春草明年绿，王孙归不归”，百草明年春天又抽出绿芽，你啊，何时才回到这山中与我相聚？诗中化用了《招隐士》中的“王孙游兮不归，春草生兮萋萋”，可诗意却反其道行之，王维呼唤朋友归隐山中，而《招隐士》则是号召归隐的高人出山入仕。

尾联化用楚语，却翻出新意，令诗语平淡中深藏感慨。可偏偏王维所送的这个朋友心怀鸿鹄壮志，一心向往功名，并非愿永久栖息泉石的人。所以，那一声“归不归”问得迟疑，意带惶恐，怕是此一别，行久不归了。

可是，他还是期盼来年春草绿时，友人应会归来。他不能肯定地写道“陌上花开，可缓缓归矣”，因为再深沉内敛的情感都不足以阻挡一个人求仕的鸿鹄之志。所以，王维只能盼望明年春草绿时，能再邀请友人来辋川庄一聚。

山中相送罢，到了日暮掩柴扉时才想起，那一声“归不归”竟烂在心头也未能问得出口。他们在饯行时，说了些什么，最想问的一句竟没有问出来。也是，才刚要分开，又怎么能盼人早归来呢，让这明春归来成了悬念。

没有得到好友的归期保证，心中思绪更深，即使归期可期，也有“春草秋更绿，公子未西归”的意外。

送别，本是人生活中一件非常常见的事情，可在王维笔下，即使用朴实自然的语言，也掩盖不住那真挚深厚的情感。春草年年绿啊，游人行子没归期，这大好的春光若是身边少了天机清妙的好友，真失色几分。

对于仕途的坎坷，王维能够泰然处之。这般宽广的胸襟让他的送别诗注入了慰藉和勉励的情感，少了几分凄哀，如他所创的五言古诗《送张五归山》：

送君尽惆怅，复送何人归。

几日同携手，一朝先拂衣。

东山有茅屋，幸为扫荆扉。

当亦谢官去，岂令心事违。

诗题中的张五即王维好友张諲，此人擅长书画，曾与王维同隐嵩山，两人同朝出仕，期间多有唱和。后来，杨国忠秉政，张諲受到排斥不得已之下归山隐居，王维遂有感而作了这首诗。

“送君尽惆怅”正是所谓的惆怅兮，而私自怜，王维送友归山已然心生自怜之意。今日送了他，明日又再送谁啊？

忆往昔，他们同朝为官，几番扶持，如今友人却已辞官先归，心中竟带几分歆羡。对于王维来说，拂衣高谢，退居五湖是他此刻心中所想。

“东山有茅屋，幸为扫荆扉”一句典出《晋书·谢安传》，谢安曾隐居会稽山之东，后朝廷屡次把他从东山征出，后来，东山泛指隐居地。

后来，张五归隐后，王维曾在常乐东园随手做了三首诗戏赠张五，如诗句“吾弟东山时，心尚一何远。”张五弟隐居后的日子过得安闲舒适，日高犹能自卧，待钟声响起才用饭。发不用常梳理，看过的书自然摆放不用精心卷起。

张五弟所隐居的东山有一座茅屋，四周清川悠悠，空林苍茫，青苔细草弥漫，窗外鸟声不绝。待到秋风瑟瑟，绿杨高柳成疏之时，王维才想起，如今张五弟已经离开多年，他想起年末时，曾与张五弟共同携手时的场景。

王维也喜爱清静，他隐居时的家就在南山下，那里偶尔会有飞鸟和走兽来到门前，他也曾以云霞为伴。这样说来，他也不用张五弟邀请了，因为他本身也已经是一个隐士。

只是，在写这首诗给张五弟的时候，王维的内心是有一事相求的。在这东山里，有王维曾住过的一间茅屋，他在诗中想要请求张五弟能帮他在闲暇时去打扫一下那简陋的柴扉，或许不久的将来，他也将会再次归隐东山。

王维终将会辞官归隐，这凡尘俗世与他的志趣相违，他又怎能甘心为俗世所扰？后来，王维为丁母忧，终是辞官归隐蓝田辋川庄。

王维的送别诗多发明朗欢快之语，使得诗的格调朗然，读之令人心生喜悦慰藉之情。如他在《奉送六舅归陆浑》一诗中，就写得很是欢快，“条桑腊月下，种杏春风前”，退隐的生活闲适自在，在野种杏，条桑养蚕，不在官场竞争，退耕也算是一种得偿所愿。

所谓“黯然销魂者，唯别而已矣”，但在王维的送别诗中，格调却不只有离愁别绪，除了明朗欢快，还有慷慨激昂。这种慷慨激昂的基调主要集中体现在他送友人赴边塞就任时所作的送别诗中。

盛唐年间，经济与文化高度发展，可当时边境依旧战乱不断，当世的仁人志士纷纷志愿慷慨赴边，把这视为建功立业的机会。边塞诗人岑参曾说过“功名只向马上取，真是英雄一丈夫”，赴边报国乃是大英雄所为。

王维在写友人赶赴边塞的送别诗中，《送赵都督赴代州得青字》就很具有代表性。

天官动将星，汉上柳条青。
万里鸣刁斗，三军出井陉。
忘身辞凤阙，报国取龙庭。
岂学书生辈，窗间老一经。

这首诗和其他送别诗有些不同，是作于饯行宴席间。当年王维和众人为赵都督饯行，席间有人提议分韵作诗，而王维抓阄得“青”字，遂以“青”字为韵写了这首诗。诗歌中采用虚写，王维通过想象，在诗中勾勒赵都督率兵赶赴代州行军作战，报效国家的情景。诗调意气风发，格调激昂，不作凄迷之音。

“天官动将星，汉地柳条青”，天上星宿中的将星已动，犹同赵都督率兵赴边，春日汉家营地上的柳条已发青，以“柳”字暗点折柳送别，喻离别在即。

诗中的“刁斗”为行军用具，白日作炊具，晚上可击以巡更。伴随着大军前行，万里征途中，刁斗声声不歇，三军将士迅速越过井陉关，大军浩浩荡荡奔赴边陲。

率领三军舍生忘死，辞别凤阙，为立功报国定要夺取龙庭。其中的“凤阙”泛指宫廷，而“龙庭”则指匈奴，因为匈奴单于祭天的地方叫作龙庭。赵都督志在辞凤阙、取龙庭，皆是舍身报国的决心，尽显英勇赴边的忠心。

“岂学书生辈，窗间老一经”，书生一生皓首穷经，不能为世所用，才有壮志难酬之隐。可像赵都督这样出将赴边的人不同，边关的战士有建功立业的机会，诗中表达对赵都督的勉励赞扬。同时也希望自己能够建功立业，济世报国。

功名情结让王维的送别诗更加雄浑健壮，因为在王维心中一直存着报效国家的志愿，才将这神勇之技赋入诗中，令诗风慷慨激昂，其诗又有《送刘司直赴安西》展现的雄浑之气。

绝域阳关道，胡沙与塞尘。
三春时有雁，万里少行人。
苜蓿随天马，蒲桃逐汉臣。
当令外国惧，不敢觅和亲。

这是王维送别友人刘司直赴边时所创的一首送别诗，诗有描写友人赴边的情境，又有弘扬国威建功立业的情节。写景、叙事、抒情巧妙融贯诗中，情感真挚，风格激昂。

赴边路途遥远，烽烟弥漫，一望无垠的大道扬起沙土尽显满目荒凉。此路西去，越来越接近胡人地域。本是万物尽显生机的春天，关外竟是一片荒凉，长路少行人，唯有偶尔飞过的几只大雁，才令人想起若是在南国，这时节该是草长莺飞啊。

“苜蓿随天马，蒲桃逐汉臣。”这句诗写史，汉武帝时，张骞出使西域，天马就从大宛传入，而这天马喜欢吃苜蓿，因此这苜蓿草将随着汗血宝马传入汉。诗中的“蒲桃”即为葡萄，原产西域，后随汉家使臣传入汉。两地文化交流是历史的功绩，但愿友人此番赴边能建一番功业。

“当令外国惧，不敢觅和亲。”唐时，吐蕃强盛好战，为了国家安定，大唐常送本国公主前去和亲，此举大损国威。因此，王维激励友人，你这一去啊，定要让外族畏惧，不敢再来强求和亲。这首诗以豪迈之语作结，用以勉励刘司直尽忠职守，保卫边关，弘扬国威。

这类送人赴任的送别诗主要表达对友人的劝勉和祝福，诗中亦含思念之情，却不会过于伤怀。诗中展现王维愿为朝廷效力和造福百姓的心愿，也使诗风格调健朗，气度雍和典雅，这与盛唐蓬勃向上的朝气相符。

当然，王维的送别诗最重要的还是以真情实感挥就，令人读之神往，如行云流水，才有“慷慨倚长剑，高歌一送君”的轩昂飒爽。

唯别而已矣

王维所作的送别诗内容丰富且风格多变，送友归隐表达对淡泊生活的向往，送友赴任充满劝勉，安慰友人贬谪落第更是情深义重。王维的送别诗还有一个重要的特点就是“诗中有画”，诗中意象的组合自然形成一幅精美的画卷，此处就拿《送沈子归江东》来说。

杨柳渡头行客稀，罟师荡桨向临圻。
惟有相思似春色，江南江北送君归。

开元年间，王维曾去岭南任知南选的途中，顺着长江上游送友人沈子福归江东时作了这首七言古诗《送沈子归江东》。

诗以杨柳起兴，展送别之情。王维站在杨柳招展的渡头，看船只来来往往，送走一个个离人。渡口行客已稀，折柳送别也不堪远离。都说相逢是缘，只是相识不易才造就这离别时的难。

艄公摇荡着船桨一路东行，王维站在已然冷清的渡口看着友人离去的背影，有点远！看多少春风又来，杨柳又散，目尽江湖白帆，江水如蓝。

李白曾言，“孤帆远影碧空尽，唯见长江天际流。”这是洒脱，在王维的离别情中却多几分细腻，他执愿“唯有相思似春色，江南江北送君归。”

送了友人，看风不言，只是在想，好把这满江春色从江南江北揽入怀，好送友人平安归家。

从舟发江东即想起渡口并肩时的情景，看着春风摇落柳叶碎了一波江水，好将离别换成重逢的念头。萋萋是芳草，春色入杨柳，好是缘，不离散，任他江南江北亦情满。

以情入景，用景抒情，情景交融成一幅春日渡口分别的画卷。蓝的是江水，白的是船帆，还有满江南北的春色，使得这首送别诗哀而不伤，基调明朗。

王维在诗中以“春色”喻相思之情，最是精妙，清丽而又带暖意的春色把人间友情写得淋漓尽致。春色没有不能到达的地方，相思也无处不在，王维真是别思悠远啊！把这叙事、写景、抒情巧妙融合，虽是离别，诗调不以哀伤为主，反而添了几分明快和清丽，有古乐府的精髓。

天宝九载（公元750年），王维为母丁忧退居辋川庄，这期间多与友人唱和交游，无案牍琐事困扰，日子倒过得清闲。

到了天宝十二载（公元753年），宰相李林甫病逝，唐玄宗任独断专行的杨国忠为相，因为安禄山也想做宰相，于是导致杨国忠和安禄山二人出现不和，期间杨国忠多次上奏安禄山谋反，但唐玄宗认为这是将相不和的表现，所以不予理睬。但是，杨国忠和安禄山不和也成为后来发生安史之乱的一条导火线。

这一年，王维五十二岁，守丧期满除服并在当年的三月出任吏部郎中一职。当时吏部改为文部，他仍在任这个职位，在任文部郎中时有留诗《敕赐百官樱桃》，这首诗主要讲述唐玄宗赐百官樱桃的事情。

同年，杨国忠和安禄山诬告李林甫与叛将同谋造反，唐玄宗追削李林甫的官职并将其抄家改葬。王维仍在长安任文部郎中。这年夏天，王维友人李峘被派去做睢阳守，送别友人时，王维有置酒留诗《送李睢阳》为之送别。

使君去，出城东，眼前的麦子渐渐稀少。一路过槐阴，下潼关，车马迟迟，心中悲切。如今朝堂之上歌舞升平，这些子弟中就数君最贤，肯为国忧出使边塞，早知圣恩如天，且愿布衣一死护国先。今日斗酒与你饯别，愿早年班师回朝。

是年秋，日本遣唐使晁衡请辞还日本，王维在为其送别时有留诗《送秘书晁监还日本国》：

积水不可极，安知沧海东。
九州何处远，万里若乘空。
向国唯看日，归帆但信风。
鳌身映天黑，鱼眼射波红。
乡树扶桑外，主人孤岛中。
别离方异域，音信若为通。

晁衡原名阿倍仲麻吕，是日本奈良时代的遣唐留学生之一，是中日文化交流中杰出的使者。在唐朝为官期间，多才多艺、性格豪爽的他和当时的名士诗人多有交往，如王维、李白、储光羲等诗人都和他有所往来。

天宝十一载末，日本遣唐使者来长安，晁衡与故国友人久别三十多年才重逢，心中不胜怀念故国。次年，遣唐使回国时，晁衡向唐玄宗请求同归，唐玄宗念其来唐三十七年为两国交好付出努力，任命他为回聘日本的使节渡海归故里。

晁衡回国的消息传出后，长安诗友依依为他写诗送别，王维也是其中一个。

王维在诗中描写晁衡归国途中或许会遇到的情况和回国之后的情景，表达了他对友人归国途中的担忧和不舍之情。

日本远在九州之外，遥遥不可及，似乎那人乘船在海如一瓢，那帆如万里晴空中的一叶。字落笔端，心中带着迷茫和惆怅不安，王维极其担心友人其行，不由得想到晁衡在海上的情景。

晁衡归国途中要横渡一望无垠的大海，路途中能够见到的唯有天上的太阳和海上的风浪。即使不论风险，也孤单难耐，况且人行海上本就已经万分危险。

“鳌身映天黑，鱼眼射波红”，王维担忧晁衡的行踪，竟在脑海中虚幻了两个海中怪物，一个是能够把天空映黑的巨鳌，“鳌”乃海中大鳖，另一个是眼能迸射红光的大鱼。在波涛汹涌的大海中，巨鳌与大鱼穿梭船底，给航行带来艰险。

诗中的“扶桑”和“孤岛”都代指日本，又因为日本四面环海，所以用“孤岛”喻之。王维觉得若是友人回到那遥远的日本，那他们因为相距太远难以鸿雁传书。

是年六月，晁衡辞别长安前往扬州邀请鉴真和尚一起东渡日本。他们一行从苏州起航，不料在途中遭遇海上风暴，被吹到了越南海岸。不幸的是，登陆之后同行之人很多都被当地人杀害，幸存的唯有晁衡等十人。

可初遇难时，长安盛传晁衡海上遇难的消息，王维等人听闻后十分悲痛。李白还为此写了一首哀悼诗《哭晁卿衡》，“日本晁卿辞帝都，征帆一片绕蓬壶。明月不归沉碧海，白云愁色满苍梧。”李白在诗中把晁卿比作明月，幸好，那明月并没有真的沉入碧海。

天宝十四载（公元755年），晁卿历尽艰难险阻，终于再次入长安与友人们相见。

王维的这首送别诗与其他诗作不同的一点就是王维在诗中设想友人归途将会遇到的险境，这是忧心所致，也使得这首诗始终含蓄地萦绕着一股至诚之情。

含蓄则能使这首诗更精妙，作诗需把神韵放在前面，让吟诵者品出“韵外之致”和“味外之旨”，不必苦工，也能让那蕴含在字里行间的情义动人。

这些都是王维作诗的高妙之处，且离别情本就容易动人心，用含蓄的方式表达最是适宜，即使不著一字，也能尽得风流。若要单谈离别细腻的情感，王维的那首《观别者》最能诠释。

青青杨柳陌，陌上别离人。

爱子游燕赵，高堂有老亲。

不行无可养，行去百忧新。

切切委兄弟，依依向四邻。

都门帐饮毕，从此谢亲宾。

挥涕逐前侣，含凄动征轮。

车徒望不见，时见起行尘。

吾亦辞家久，看之泪满巾。

读之，朴实的语言勾勒出令人黯然神伤的离别场景，诗可以怨，这首《观别者》抒发的是游子为生活奔波而依依惜别的无奈之情。

“吾亦辞家久，看之泪满巾”，王维在诗中以同是天涯沦落人的身份观那离别的人与景，看得泪流满衣襟。

青青的杨柳陌上，杨柳随风依依招展，满载杨柳的路上还有送别的人。他们的爱子即将去燕赵谋求生计，可家中还有年迈的双亲，这是游子不舍远游的原因，亦是一种无奈。

“父兮生我，母兮鞠我。抚我慉我，长我育我，顾我复我，出入腹我。欲报之德。昊天罔极！”正是因为父母生我养我，抚育培养我成长，我该如何报答他们这如苍天般无穷尽的恩德？

不离家谋生无法把双亲奉养好，可离家心怀忧思不可消。此番远游，归期难料，唯有诚恳真挚地嘱咐兄弟好好孝敬双亲，转身依依不舍地面对相送的乡邻。

离人和亲朋好友在郊野设帷帐饯别，杯酒释别情，把对父母的牵挂诉诸兄弟和四邻。饮别之后，唯有挥泪阔别亲友，转身走进马车，去追赶已动身的同伴，听着车轮滚动的声音，泪已两行。

掀开车帘回头望，已不见亲友送别的身影，独留滚滚行尘。

王维看到这一幕，不由叹息，想到自己离家的日子也久了，当年十五岁入长安，阔别乡友实在太久了。在身边的老母和妻子已逝去，唯有兄弟在了。他们是送别人，而王维是观别者，若非深情，怎能写出如此佳作？

逢安史之乱

《送元二使安西》是王维送别友人元二远赴西安边疆的一首七言绝句，这首诗作于“安史之乱”前，蕴含着深深的惜别之情。

渭城朝雨浥轻尘，客舍青青柳色新。
劝君更尽一杯酒，西出阳关无故人。

“渭城朝雨浥轻尘”中的渭城在长安西北，渭水的北岸，古时人们从长安往西去，一般多在渭城送别。

长安大道，乍雨初晴，元二使安西时，路边的杨柳正青青，也正依依。诗中的“客舍”和“柳”多属离别送行之景，因为一场朝雨，柳树枝叶上的灰尘被一洗而新，远远看去，驿道和客舍周边的柳树青翠欲滴。这长亭驿站的柳枝依依随风飘扬，使人看了难免伤怀，不忍分别。

看过垂柳青青，犹如挽离情，此后或许路迢迢，唯有载酒送君行。“劝君更尽一杯酒，西出阳关无故人”，实在不忍分离，送你到了长亭驿站，携酒一壶，劝君饮尽这一杯酒再作行计罢，出了这阳关道，你再也没有似我这般的老朋友了。

王维凭一句寻常的劝酒辞，就把真挚的惜别情展现无遗，可其中又包含多少辛酸。“阳关”是赴西北边疆的要道，好友即将西出阳关，他这是保家护国的壮举，可王维私下为他担忧。

离别在即，除了劝君酒，当然还有殷勤的叮咛。他出阳关，心为功名事，万般苦心、千般惆怅，还望各自珍重。行道迟迟，此后两地相隔，难有鸿雁寄书。他自鞍马西塞，而自己则独守长安，一盼安好。

这首七言绝句又名《渭城曲》，在唐代时被谱成《阳关三叠》编入乐府，是饯别送人的名曲。

青青客舍，迎风柳枝，怕是出了阳关，难再有。喝了这杯酒吧，等你凯旋。这“阳关曲”能够成为千古绝唱，因字句中饱含着真挚的情谊，和对国家安宁的祝愿。

天宝十三载（公元 754 年），唐玄宗采纳杨国忠的谏意招安禄山入朝试其有无谋反之心，而安禄山事先从杨贵妃那儿得到信号，故将计就计地向唐玄宗阐明自己的一片忠心。唐玄宗受其惑，想要拜安禄山为宰相。可杨国忠劝阻，因安禄山虽然有军功，但这样一个目不识丁的人不适合做宰相，因此让安禄山回到范阳，将其封为左仆射。杨国忠和安禄山的矛盾从此越发尖锐，这一年，朝堂上多有官员指控安禄山反叛，可唐玄宗不信。

是年，王维在长安任官文部郎中，他和崔员外、苏卢二员、郭给事等人多有交往。曾有留诗《酬郭给事》：

洞门高阁霭余辉，桃李阴阴柳絮飞。
禁里疏钟官舍晚，省中啼鸟吏人稀。
晨摇玉佩趋金殿，夕奉天书拜琐闱。
强欲从君无那老，将因卧病解朝衣。

这是一首唱和诗，主要以状物达意，在颂扬郭给事的同时，也表达自身想告老离朝的思想。

郭给事，名为郭承嘏，他在门下省任职，主掌宣达诏令，驳正政令的违失，在朝廷上有着重要的地位。

郭给事所在的门下省官署高大优雅，重重宫门和楼阁在夕阳的照耀下更显壮观。暮春时节，院中的桃李枝繁叶茂已成荫，柳絮随风翻飞。王维在诗中以“桃李”喻郭给事的门生，桃李满天下则是门生多而显达。

傍晚时，皇宫的钟声稀稀传来，官舍里已很少有官吏在办公了，王维抓住“省中啼鸟”这一点来写时世清平，写郭给事的政绩卓著。

“晨摇玉佩趋金殿，夕奉天书拜琐闱”，郭给事清晨上朝时，腰间佩戴的玉佩随着步入金殿而摇晃出声响。到了夜晚，他捧着皇帝的诏书毕恭毕敬地拜别宫门，日日如此不辞辛劳。

诗写到这里，王维想到自己的情况，当时王维已五十三岁，他心想着自己勉强能够跟着郭给事一起同进退，可无奈已衰老，终有一日会因卧病在床而解下这身官袍。诗的尾联从写郭给事转到自身，表达想要辞官归隐的意向。

天宝十四载（公元 755 年）十一月，安禄山以讨伐奸臣杨国忠为名在范阳叛变，河北诸地沦陷。此时，唐玄宗才遣节度使去洛阳募兵防御安禄山。唐以皇太子为征讨元帅，高仙芝为副统领屯于陕，安禄山攻陷洛阳后，高仙芝退保潼关，最后他被轻信谗言的唐玄宗诛杀。

这一年，王维在长安，转给事中，想要辞官归隐的心愿未能实现。他每每在朝后回到家中闭门诵佛，谈玄说理，只是他没有想到，身处乱世还有更多的身不由己。

天宝十五载（公元 756 年），安禄山改元圣武，僭越称帝，自号为大燕皇帝。是年六月，潼关失守，唐玄宗逃亡西蜀避难，避难军到马嵬坡要求诛杀杨国忠和杨贵妃再起行，唐玄宗不得已诛之。太子李亨召集平乱士兵到灵武设防，七月，太子在灵武即位，尊唐玄宗为上皇。

此时，李白入永王幕府，而王维在唐玄宗逃亡蜀地时扈从不及被安禄山所俘。

王维被俘时，服药取痢，伪称患疾，准备趁机逃跑。安禄山命人严加看守，不久之后，王维被押往洛阳拘在菩提寺内，并被迫任伪署。

陈冤凝碧池

渔阳鼙鼓动地来，自天宝十四载（公元 755 年）安禄山率领各族骑兵、步兵十五万之众从范阳南下攻占洛阳，进而直取长安，唐朝开始由盛转衰。

天宝十五载（公元 756 年）八月，安禄山把掳掠来的文武朝臣以及黄门、宫嫔、乐工等人押往洛阳。由于安禄山喜乐，就在凝碧池宴请群臣，令梨园乐工奏乐相庆。声乐起，梨园弟子不胜唏嘘，涕泪不止，逆党用刀威胁他们，闻有泪者即斩。

这时，有一个叫雷海清的乐工怒将乐器投掷在地，并面朝西边恸哭。最后，雷海清被逆党抓去戏马殿斩杀示众。

此时的王维正因被困菩提寺而心下忧愤，裴迪得知王维的处境后，因心中担忧便前去看望。二人谈起雷海青反抗逆党的事迹，王维便就此事赋诗一首让裴迪带走。这首诗就是《菩提寺私成口号》，这是王维一时泪下以口号形式诵给裴迪的七言诗。

万户伤心生野烟，百僚何日更朝天？
秋槐落叶空宫里，凝碧池头奏管弦。

因为战争，多少人身首异处，王维哀万户民生之凋敝。诗中充满对国家忧患之悲切，王维看到遭难的宫室和满目的烟尘，心中盼望着朝廷早日收复山河，让百官尽归来。

大唐盛世已不在，天子仓皇逃蜀，百官也流离失散。荒芜的宫廷中，如今只剩下瑟瑟秋风和零落凄清的秋槐叶。此时的大唐荒凉、凄清，而安禄山等人却在凝碧池奏乐宴庆。

是年九月，王维被迫入伪署任给事中。

没有想到的是，这首诗到最后竟是王维的救命符。

至德二载（公元 757 年），安禄山被其子安庆绪设计所杀，安庆绪自立为帝，和史思明退守范阳，唐军将其一一击破，收复了长安和洛阳。是年十月，唐军在收复洛阳之后，王维等陷贼官员皆被收系，押往长安以待定罪。

唐平定安史之乱后，那些曾在战乱中受命于叛军的官员全部都按照情节轻重一一被清算，王维在伪署任职，按律当处以死刑，幸好这事还有转机。

唐肃宗曾听过裴迪抄录流传出来的《菩提寺私成口号》，十分欣赏王维的气节。王维虽然曾身陷逆党，但对唐的心志未变，又何况其弟王缙在平叛中有功，且愿用自己的官职来请唐肃宗对王维法外开恩。

王维对朝廷的宽恩心怀感激，回首心迹，颇多感慨，他曾在《为薛使君谢婺州刺史表》中有言陈述当时的情况。

……臣素书生，少为文吏。折冲御侮，几何不亡；奉法守文，一日之长。当贼逼温洛，兵接河潼，拜臣陕州，催臣上道。驱马才至，长围已合，未暇施力，旋复陷城。戟枝叉头，刀环筑口，身关木索，缚就虎狼。臣实惊狂，自恨驽怯，脱身虽则无计，自刃有何不可。而折节凶顽，偷生厕混。纵齿盘水之剑，未消臣恶；空题墓门之石，岂解臣悲。今于抱衅之中，寄以分忧之重。且天兵讨贼，曾无汗马之劳；天命兴王，得返屠羊之肆。免其衅鼓之戮，仍开祝网之恩，臣纵粉骨糜躯，不报万分之一。况褰帷露冕，是去岁之缧囚；洗垢涤瑕，为圣朝之岳牧。臣欲杀身灭愧，刎首谢恩，生无益于一毛，死何异於腐鼠？谨当闭阁以思政，酌泉以励心。亲毕力于平人，无烦八部；誓不负于明主，非畏四知。用释愆诛，敢求课最。

王维在文中向人解释当时身处战乱的情景，由于扈从不及而身陷贼营，奈何无脱身之计。这些都是事实，即使是齿盘水之剑都不能消除自身的罪恶，只是又有谁能了解他的处境。最后，王维表达自己的悔过之心，以及愿终身报国的愿望。

可无论别人怎么说，陷贼一事终究给王维的心灵带来了极大的冲击。

即使因为一首诗，一个好弟弟，一颗忠心，得意宽免，仍然让他心中自责不已。直至后来，他再入朝为官时，虽心已安闲，但也只愿终日与佛理为伍了。

当年，他在菩提寺，好友裴迪来探望他时，其实他作了两首诗，前一首是《菩提寺私成口号》，而后一首则是五言《菩提寺禁口号又示裴迪》：

安得舍罗网，

拂衣辞世喧。

悠然策藜杖，

归向桃花源。

此后，他只愿一朝先拂衣，和尘世纷扰隔离。喧嚣也罢，繁华也好，他的心又怎能束缚在罗网之中。

脱离宦海，盼今朝能够从从容容地拄着藜杖，踏遍千山万水，最后寻一处桃花源安然隐居，这就是王维的理想。

王维到了晚年更加潜心奉佛，诗歌禅意缭绕，在意境的营造中抒发出世事淡远的意境。再结合当时的时代背景，王维在诗中寄托对和平的祈望，他希望安史之乱能早点结束，减少人世离乱。

而所谓的“归向桃花源”，不如说是结束战乱，回归盛世安定。可对于一个被囚身菩提寺的人来说，正是因为当时得不到，所以才特别渴望。

王维晚年遭遇灾难时，其弟愿为他削官赎罪，此情动人。人在处于危难之际，更容易看出人情冷暖，甚幸，王维不但拥有亲情还拥有友情。

当年裴迪带着王维的两首诗离开，诗在朝野中流传开来，一首诗救一条命，还不如说是友谊救了他的命。人生得此知己幸甚，那么他日拄杖桃花源也有伴，时时记起那首《赠裴迪》：

不相见，不相见来久。

日日泉水头，常忆同携手。

携手本同心，复叹忽分襟。

相忆今如此，相思深不深。

没想到许多年后，他大难不死，又有机会和友人一同前往辋川庄渔舟唱晚，临亭赏花。

国破山河在

经过了安史之乱，唐边疆防守不稳。安禄山起兵时，唐朝廷将河西、朔方等边境重兵调往内地平叛，造成边境防守不力，吐蕃趁机而入，抢得河西、陇右等边地。这时，唐内忧外患，到了国家危难之际。

而经历过安史之乱的王维也开始对自己的政治思想进行反思。即使是燕雀，也不能一味地想着避世隐居，“曾是巢许浅，始知尧舜深”，他在送友人的诗中表明，曾经的他想法过于肤浅，经历了乱世才知道像尧舜那样为天下人谋福操劳的人的目光有多深远。

他曾在《与工部李侍郎书》中阐明自己的心迹，“维虽老贱，沉迹无状，岂不知有忠义之士乎？亦常延颈企踵，响风慕义无穷也。”王维虽然年老却也仰慕敬佩保家护国的忠义之士。晚年时，他写过一首《老将行》：

少年十五二十时，步行夺得胡马骑。
射杀中山白额虎，肯数邺下黄须儿。
一身转战三千里，一剑曾当百万师。
汉兵奋迅如霹雳，虏骑崩腾畏蒺藜。
卫青不败由天幸，李广无功缘数奇。
自从弃置便衰朽，世事蹉跎成白首。
昔时飞箭无全目，今日垂杨生左肘。
路旁时卖故侯瓜，门前学种先生柳。
苍茫古木连穷巷，寥落寒山对虚牖。
誓令疏勒出飞泉，不似颍川空使酒。
贺兰山下阵如云，羽檄交驰日夕闻。
节使三河募年少，诏书五道出将军。
试拂铁衣如雪色，聊持宝剑动星文。
愿得燕弓射大将，耻令越甲鸣吴军。
莫嫌旧日云中守，犹堪一战取功勋。

这首诗大量用典，对偶整齐，转换章法自然，是长篇之圣者。王维历经“安史之乱”后，已无意官场，只求晚年长斋奉佛。只是他对国家的热爱之情从未减少。他在诗中勾勒出一个老将从年少奋勇杀敌到被弃，最后年老壮心依旧，仍在国家危难时起身报国的一生。

诗歌格调高昂，以气为胜。“少年十五二十时，步行夺得胡马骑”，此人年少时就勇猛有智，王维在这里使用汉代名将李广被匈奴骑兵擒拿时受伤装死，然后趁机夺得胡人的良马疾驰而归的典故，来说明这位少年猛将的智勇。

“射杀中山白额虎，肯数邺下黄须儿”，诗中的“白额虎”相传为老虎中最凶猛的老虎，而“黄须儿”指的是曹操次子曹彰，曹彰生性刚猛，曾亲征乌丸，是人中英雄。然而，这位年轻力壮能射杀山中最凶猛白额虎的人又怎能只推邺下的曹彰，因为有一将领身经百战、曾以一剑抵挡百万雄师，战功卓著。

他擅长指挥，在他带领下的士兵行如霹雳，巧布铁蒺藜阵让敌兵相互践踏，是为克敌制胜的能手。可是这样的良将，却没寸功之赏。

汉代名将卫青屡次征战匈奴官至大将军从未受挫折，从某些因素来说可以说是有上天的宠幸。而李广屡立战功，却没有封侯受赏，最后反而受罚落个自刎的下场。

诗中的这名将军就如李广般不遇，功成被弃置不用的他，被世事蹉跎成了白首。生活清贫，岁月流逝，谁还会记得这位将军昔日有如后羿般精湛的箭法，可如今不操弓箭，久不习武，双臂已经长了疡瘤。

百战功成，一朝被弃，唯有自寻生计种瓜于长安城东，在路旁卖瓜。在茅屋前种上柳树，终日以耕作为业。他住的地方在山中，山中古木苍茫，一直延伸到深巷，打开窗户，入眼的是满目寒山寥落，带着几分冷寂。可算是世态炎凉，他是一个被弃置不用的人，哪里还有宾客往来。

即使被弃置，他也不会像颍川的灌夫那般，被解除军职后饮酒发泄怨气，终日牢骚不平。要做就做那后汉的耿恭，在被匈奴断绝水源围困疏勒城时，选择和士兵一同努力掘井，最终得到泉水破敌立功。

“贺兰山下阵如云，羽檄交驰日夕闻”，边境烽火不息，西北贺兰山告急的文书传入京师，这时老将心中燃起了杀敌报国的决心。

在国家危难时，哪一个爱国的人肯躲起来避祸呢？

朝廷颁发诏命，持节使臣到河南、河内和河东三河一带征召募兵，各路将军受命分兵出击抗敌。那位曾被弃置的将军虽老，可他仍旧揩拭好铁甲，手持宝剑，又练起了武功。

诗中，王维借用曾任云中太守抗击匈奴的魏尚，从被弃置到年老才官复旧职的典故来说明，只要朝廷能够任用有能力的老将，他一定会杀敌立功。

安史之乱后，在给《与魏居士书》一文中，他极力劝魏居士出仕。魏居士是名臣魏徵之后，王维十分敬仰魏居士的人品，魏居士生活窘迫，山栖谷饮，攻苦食淡，劝其出仕乃是对其爱护之意。

何为君子，何为忠臣，在王维看来，当以“致君”“厚俗”“布施仁义”“裨补国朝”为要务。在这种思想的指导下，王维虽心有隐逸的情怀，却一直没有弃官归隐。所谓的庙堂与山野并非对立，有人身在朝堂，心在山野；有人身在山野，心在朝堂；当然，两者兼得也未尝不可。

因此，在王维笔下的老将才会在躬耕乡野时，也念念不忘举身报国。在平定安史之乱时，郭子仪等将军率军勤王，收复长安、洛阳等地，击败吐蕃、党项的入侵。也正因为国家有这些忠义之士，在国家面临危难时，仍能收复并守住山河，是以，有国破山河在之说。

第七章 不向空门何处销

王维在晚年身心更皈依佛门，追寻着“无生”的禅理，他通过禅修来解脱这一生当中所遭遇过的伤心事，以求达到心境澄明，明心见性，并且把禅思赋于诗中。

相思似红豆

安史之乱时，唐玄宗仓皇逃往蜀中避难，王维的好友也四处流落。于是，想念故友的王维写了一首《相思》：

红豆生南国，春来发几枝。

愿君多采撷，此物最相思。

“红豆生南国”中的红豆又名“相思子”，红豆生长在南国，他的所思也在江南。

诗以红豆起兴，用设问的方法寄托对友人的眷怀。生长在南方的红豆树啊，来年春天，它又将发几枝？王维用诗问得亲切，如《杂诗》中的“来日绮窗前，寒梅著花未”。无论是对于红豆还是梅花的关注，实则都是对人事的牵挂。

“愿君多采撷，此物最相思”，希望你流落江南时，能够多采摘一些红豆，因为这相思子最能勾起人们的思念之情。

与其说，劝友人多采这令人相思的红豆以缓相思之情，还不如说是作者本身也深怀对友人的相思。这首诗格调健美高雅，情思高远，韵律和美，语言朴实动人，是怀人寄思的佳作。

《相思》又叫作《江上赠李龟年》，李龟年是唐时宫廷乐师，安史之乱后，李龟年流落江南。杜甫在追忆盛唐时，抒发安史之乱后国家离乱之感，也为李龟年写了一首诗，名为《江南逢李龟年》，“岐王宅里寻常见，崔九堂前几度闻。正是江南好风景，落花时节又逢君”。以往李龟年所演奏的乐曲只有在宫廷贵宅中才能欣赏到，没想到安史之乱后，落花时节竟在江南的巷头街尾听到了他伤怀的乐曲。

飘零乱世的乐师李龟年流落江南以卖艺营生，安史之乱后，他在湘中采访使举办的宴会上演唱了王维的五言绝句《相思》，听者闻之潸然泪下。

唱着《相思》时，李龟年回想起曾经在宫廷中繁华热闹的生活，以及知己同酬相唱的情谊，不禁又怀着希望唐玄宗幸临江南的情感唱了一首王维的《伊州歌》。李龟年在宫廷当乐师时曾得唐玄宗诸多恩宠，又想到如今这番境地怕有生之年难再见帝皇一面，遂唱罢晕厥在地。李龟年晕死后，只有耳朵尚有热气，其妻不忍殡殓他，四天后李龟年又苏醒，可惜最终还是郁郁而终。

《伊州歌》是王维当时梨园配乐演唱的名曲，诗全文如下：

清风明月苦相思，荡子从戎十载余。

征人去日殷勤嘱，归雁来时数附书。

读到“清风明月苦相思”一句不觉想到“明月不谙离恨苦”，女子的丈夫远行征战已十余载，她唯有在秋夜的清风明月里苦苦思念，此是良辰美景，千种风情独独诉尽风月，可明月又怎么明白离别之苦，念及至此，不由得悔恨当初让他去觅封侯。

风月正好，只是荡子从军已久，再好的月夜也不能照得人团圆。诗以乐景写爱情，所谓的苦相思之痛在于战乱。

在这美好的月夜，不禁想起当初丈夫远行时杨柳正依依。长亭话别，再三嘱咐你，每当鸿雁南归时，勿忘寄家书回来。可惜，烽火未熄时，家书抵万金，等着等着竟是过了十余载。

字句间是怨，是痴，更是无奈。

因为一场安史之乱，多少人的命运发生了历史性的转折。上至帝皇将相，下至平民百姓，人人皆陷入一场噩梦，盛唐被拦腰折断。

杨玉环成了马嵬坡的一缕幽魂，唐玄宗仓皇逃入蜀中。李白因入错幕府获罪流放，架着一叶扁舟孤身去夜郎。在李白悲叹朝朝暮暮青丝成雪时，幸而遇上大赦又高歌返回，悲悲喜喜在他的生命中倒也过得痛快。

“诗穷而后工”，是安史之乱造就了杜甫诗风的沉郁顿挫，杜甫在安史之乱后陷入困厄的境地，他没权没财没势，深入穷苦百姓生活中，写出的诗被称为“诗史”。“三吏”“三别”以诗写史，写出了战争的残酷，“一男附书至，二男新战死”“勿为新婚念，努力事戎行”等等写尽战乱的辛酸。

而在安史之乱的王维，被叛军押往洛阳授予伪职，后来陈冤凝碧池，纵使身死也未能减轻心中的愁绪。恰逢春日，牡丹花盛开时，王维写了一首《红牡丹》以寄愁绪。

绿艳闲且静，红衣浅复深。

花心愁欲断，春色岂知心。

牡丹花开时，娇艳可爱，碧绿鲜艳的叶子衬托着由浅到深的牡丹花瓣。牡丹花初绽放时色紫，花瓣全部绽放时色桃红圆润，数日后逐渐变为梅红色，最后开至深红。王维站在牡丹花园里，远远看去，牡丹花如娴静的少女，亭亭玉立在碧绿的牡丹繁枝中，错落有致的花与叶，看起来明丽动人。

花色再好，花开时名动京城，占尽春色，可到了暮春时节，终究难逃凋零的宿命。“花心愁欲断，春色岂知心”，牡丹花想到此已伤心至极，可问及春光，你可曾懂得牡丹心中所想？人们赏花爱花，念花及人，有的叹年华易老，有的感世事变换，可咏物伤情，还不如让花自愁。

这首《红牡丹》写得极有意境，把牡丹花写得有血有肉，是咏物佳作。

无论是歌咏红豆寄托相思，苦吟风月，思及征夫，还是吟咏牡丹巧赋愁绪，都涉及战争，有感于安史之乱。这颜色正好的牡丹花不就是杨贵妃的化身吗，“云想衣裳花想容，春风拂槛露华浓”，那时唐玄宗和杨贵妃在宫中欣赏牡丹花，李白奉诏作诗，诗中把那杨贵妃比作天仙般貌美的人。

回眸一笑百媚生，却是不能笑尽一生。渔阳叛乱碎了宫中的霓裳羽衣曲。后来，六军不发，杨贵妃被赐死马嵬坡，纵使天长地久有时尽，此恨也将绵绵无绝期。寂寥的行宫中，牡丹花年年开得红艳，可只有白头的宫女在看花闲话玄宗皇帝了。

至德二载（公元757年），王维陈冤后被唐肃宗赦免其罪。他本是佛堂参禅之人，经历安史之乱后对仕途看得更淡，心境也变了许多。

王维能诗善画，在他给内弟崔兴宗的《崔兴宗写真咏》中可以体会到这种物是人非的沧桑感：

画君年少时，如今君已老。

今时新识人，知君旧时好。

开元年间，王维和崔兴宗、裴迪等人同隐终南山，共赏辋川庄，一同参禅奉佛，生活是那般惬意。与君同游是少年时，有“纵死犹闻侠骨香”的气概，如今想起君已老，走过时光新认识了许多人，还是年少的我们更好啊。哪里用得着愁这老来孤苦，还得受那战乱陷贼的身心折磨。

晚年的王维，时常在隐居的庄园里忆起往昔，看着曾经绘就的画卷，那个张狂中又带几分谦虚地高呼“前世应画师”的人也老了。

乾元去长安

至德二载（公元 757 年）九月，广平王李俶（豫）率领大军收复长安，暂时平定安史之乱，十月唐肃宗回京入居大明宫，十二月，唐玄宗亦被迎回长安。至德三载（公元 758 年），唐肃宗在大明宫改元乾元，大赦天下，从此唐朝礼仪制度开始恢复，政权转危为安。

乾元元年（公元 758 年），唐肃宗重用宦官李辅国，宦官势力日益嚣张。是年四月，史思明复反攻陷魏州，唐肃宗命郭子仪等率兵攻打安庆绪，安庆绪入邺城固守，郭子仪举兵包围邺城。

是年春，年五十八的王维复官，责授太子中允，加集贤殿学士。王维有感皇恩浩荡，有留诗《既蒙宥罪旋复拜官伏感圣恩窃书鄙意兼奉简新除使君等诸公》：

忽蒙汉诏还冠冕，始觉殷王解网罗。
日比皇明犹自暗，天齐圣寿未云多。
花迎喜气皆知笑，鸟识欢心亦解歌。
闻道百城新佩印，还来双阙共鸣珂。

“花迎喜气皆知笑，鸟识欢心亦解歌”，自唐肃宗李亨在灵武登基以来，收复了长安、洛阳两京，朝廷有升平之象。王维在诗中通过花鸟的善解人意来表达自己被赦免并复官之后的喜悦心情。正所谓是人逢喜事，万物皆可亲。

在王维任太子中允时，杜甫曾写诗《奉赠王中允维》来贺。

中允声名久，如今契阔深。
共传收庾信，不比得陈琳。
一病缘明主，三年独此心。
穷愁应有作，试诵白头吟。

王维在盛唐时盛有才名，后来身逢安史之乱惨遭囚困，杜甫对此深感惋惜。“一病缘明主，三年独此心”，一为王维在陷贼时，身拘菩提寺，自服药致病，作《凝碧诗》陈心，虽久经患难，但对大唐的忠心未变。后来洛阳被收复，王维如庾信被元帝收用般被唐肃宗不弃复官。

“穷愁应有作，试诵白头吟”，若说王维愁苦时有作《凝碧诗》，吟咏卓文君的《白头吟》，那么杜甫是懂得王维吟咏白头的决心的，杜甫明白王维不会在陷贼任伪职时有二心，忠心不二，望国家安宁才是他吟咏白头的真意。

后来，王维迁太子中庶子、中书舍人，和杜甫、贾至、岑参等并为两省僚友。他们同朝为官时多有唱和，有留七言律诗《和贾舍人早朝大明宫之作》：

绛帻鸡人送晓筹，尚衣方进翠云裘。

九天阊阖开宫殿，万国衣冠拜冕旒。

日色才临仙掌动，香烟欲傍衮龙浮。

朝罢须裁五色诏，佩声归向凤池头。

这是一首相互唱和的诗歌，而“和”即按照别人诗词格律或内容作的诗。那时王维和其他官员在大明宫上早朝，僚友贾至先写了一首《早朝大明宫呈两省僚友》，后王维、杜甫和岑参都作了和诗，而这首《和贾舍人早朝大明宫之作》就是王维所作的和诗。

王维在诗的开篇写大明宫早朝时的庄严气氛，清晨破晓时分，宫中官员各遵职守准备早朝。在诗中，王维用“九天”来形容宫殿的崇高开阔，当宫殿如九重天门般打开时，文武百官和异邦使臣一同走入辉煌的宫殿向皇帝叩首朝拜。

煦日朝晖散入宫殿，晃动着雉尾掌扇，殿中暗香浮动，萦绕着皇帝的衮龙袍绣，锦绣光泽闪动，煞是雍容华贵。早朝之后，皇帝把圣旨写在五色纸上，这时随侍君王的中书舍人负责给皇帝起草诏书。

这首七言律诗主要写早朝的威仪和早朝之后的行动。写景雄浑天然，韵律温厚深长，诗风典雅温厚。王维的应制诗成就很高，风格以庄重典雅为主，是为绝唱。

当时，同与之唱和的还有杜甫的七言律诗《奉和贾至舍人早朝大明宫》：

五夜漏声催晓箭，九重春色醉仙桃。
旌旗日暖龙蛇动，宫殿风微燕雀高。
朝罢香烟携满袖，诗成珠玉在挥毫。
欲知世掌丝纶美，池上于今有凤毛。

杜甫的这首唱和诗，主要从宫中景色醉人开始写起，写得格调严谨，脉络分明，又有雄健之气。

杜甫诗中的“九重春色醉仙桃”意虽仙，却没有王维诗写得庄严健稳。当时安史之乱初得安定，朝堂上下皆有升平之意，所以王维才有“九天阊阖开宫殿，万国衣冠拜冕旒”的信心，全诗更是写得挺拔有力。

是年六月，王维和京兆少尹严武多有往来，曾在暮春时节去严少尹居处做客，有留诗《晚春严少尹与诸公见过》：

松菊荒三径，图书共五车。
烹葵邀上客，看竹到贫家。
鹊乳先春草，莺啼过落花。
自怜黄发暮，一倍惜年华。

“松菊荒三径”一句语出陶渊明《归去来兮辞》中的“三径就荒，松菊犹存”。严少尹隐居的地方虽然荒凉，但是到处长满了松树和菊花，彰显了清静的生活环境。屋内没有贵重华丽的物件，有的只是藏书，若是一个爱读书的人住进去定然是一种享受。

每逢有客来访，他都会为宾客烹制葵菜热情待客，虽无佳肴，贵在热情。况且，推开窗门，门外的竹林正送爽而来，有竹可赏，还需要什么呢？

晚春时节，春草仍在旺盛地生长，鸟雀开始哺乳。花开过春时，落英缤纷，莺啼声声。似是鸟雀亦知春去，所以才啼叫不止。

王维看到暮春时景，不由得想到“自怜黄发暮，一倍惜年华”。春景易逝，韶华易老，人们能够做的就是加倍地珍惜现有的年华，好好去享受这悠闲惬意的时光。王维又联想到自己晚年的归宿，应当像严少尹那样隐居山林才好。

是年秋，王维复拜给事中。到了秋冬之际，王维归隐的心情越发急切，写诗给弟王缙抒发心中的悲凉。这首诗是王维登青龙寺时所作，名为《别弟缙后登青龙寺望蓝田山》：

陌上新离别，苍茫四郊晦。
登高不见君，故山复云外。
远树蔽行人，长天隐秋塞。
心悲宦游子，何处飞征盖。

王缙出任蜀州刺史时，王维登青龙寺送别他。青龙寺位于长安之东南，是登高远眺的绝胜之地。天宝三载，王维曾在夏秋之际和王缙、裴迪、王昌龄等人去青龙寺集会交游，当时也曾写唱和之作，名为《青龙寺昙壁上人兄院集》。所以说青龙寺是王维怀念亲友的地方。

“陌上新离别，苍茫四郊晦”，登上青龙寺，远远看去，田间小路上吹起了飒飒秋风，辽阔无垠的天际昏暗苍茫。

在这风急天高的日子里登高远眺是为了什么，只是离别在即想多看弟王缙一眼。可惜“登高不见君，故山复云外”，登高远眺，怎么也看不到他的身影了，满目唯有苍茫的郊外景色。

青山依旧在，云海也在天际，远处郁郁葱葱的树林把远行人遮住，也把那秋日的塞外隐藏起来。昏暗之景，王维用苍凉的笔调来勾勒，把满腔怀念之情倾诉其中。

“心悲宦游子，何处飞征盖”，弟王缙老来却出外做官，王维心中悲切，极其担忧其弟前途，怕今日一别不知何时才能相见。

从青龙寺看向蓝田，那是他们的家，蓝田辋川庄是他们参禅向佛的隐逸之地。如今，弟王缙远行他乡，王维又想到自己年纪已老，心中更是多了几分惆怅。可在惆怅之余，又怀着对弟王缙的祈祷。

《别弟缙后登青龙寺望蓝田山》这首诗格调苍凉，少了几分明快，然而诗中所蕴含的兄弟情深让诗歌意境更加高远。

右丞足风流

乾元二年（公元759年），史思明杀安庆绪后返范阳，夏四月，史思明自称大燕应天皇帝。及十月，唐将李光弼在河阳打败史思明。是年，李白在白帝城遇赦东归，杜甫弃官入蜀，而王维则在长安仍任官给事中，有留诗《左掖梨花》：

闲洒阶边草，轻随箔外风。
黄莺弄不足，衔入未央宫。

这是一首咏物诗，“左掖”是唐代门下省的代称，因为门下省在宫廷的东门，所以称左省，即左掖。左掖也是王维欣赏梨花的地方，当年王维在任给事中时，常在公事之余到左掖去信步欣赏梨花。

春日时节，满院梨花盛开，花白如雪，清香远溢。王维和同僚丘为、皇甫冉在办完公事之后，来到梨花树下，看着怒放的梨花便提议同题即兴吟诗。

王维回到案旁，风吹开窗帘子，他恰恰看到纷飞洒落的梨花，不由得吟道：

闲洒阶边草，轻随箔外风。
黄莺弄不足，衔入未央宫。

丘为听完王维的吟唱，有感吟道：

冷艳全欺雪，余香乍入衣。
春风且莫定，吹向玉阶飞。

皇甫冉拍手称赞，也作了一首：

巧解迎人笑，偏能乱蝶飞。
春风时入户，几片落朝衣。

梨花零落，如雪乱玉般洒落地面，不再高高在上，而是与阶边的草为伴。王维在室内，公事之余百无聊赖地依靠案几，春风徐徐而入，时不时地拂开窗台的竹帘子，雪白的梨花纷纷入目，它们随风飘洒，随意自在。可这欣赏梨花飞舞的人，惬意中又带着几分孤寂，若不是有诗友相伴，独独看这梨花断不是什么美好的事。

院外清风阵阵，梨香四溢，一些“梨花”因得“黄莺”的垂怜得以进入尊贵的未央宫，而有些只能随风散落阶前，与野草青苔为伍，其中可作不遇之解。王维曾赋《不遇咏》并高呼“今人作人多自私，我心不说君应知”。对于政事的不平，他敢高呼。可到了晚年，他最想的还是“济人然后拂衣去”，归隐山间田园。

上元元年（公元 760 年），王维时年五十九岁，在长安任给事中。是年夏，王维转尚书右丞。

上元二年（公元 761 年），唐将李光弼和史思明战于北邙山，史思明屡败。是年三月，叛军起内讧，史思明被其子史朝义杀害，史朝义继位，内部离心屡被唐军打败。

这一年，六十岁的王维仍在长安任尚书右丞。初春时节，王维好友河南的尹严武来探访他，王维赋诗《河南严尹弟见宿弊庐访别人赋十韵》相赠。

王维年老多病，其弟王缙在蜀州任刺史仍未归，他上《责躬荐弟表》请求削官归隐田园，唯愿王缙归还长安。

在《责躬荐弟表》中，王维表明自身已是年老力衰，又回想起曾经陷于逆贼，不能杀身成仁。他在陷贼时就曾想，若是有朝一日能够再见圣朝，即愿意出家修道。到如今，他得陛下垂怜，累次迁官至省阁右丞。可岁月荏苒，他已年老心昏，又想国之大体，为政本源，愿削官归田园，让有才能的王缙回来为国效力。

最后，他用忠义、政绩、才能、品德等各方面来与王缙相比，突出王缙的能力，又想自身已垂暮，孤独无子孙，唯有与王缙更相为命，唯恐一别隔黄泉。趁自己还未泯灭之前，令王缙归来，使得魂魄有依，纵使将自身放归田园也甘之如饴！

是年七月，王维卒，葬于辋川。他临终之际，忽拿笔作别缙书，又与平生亲友作别书数幅，以请亲友多奉佛。

王维去世后，好友钱起在怀念他时曾作《故王维右丞堂前芍药花开，凄然感怀》：

芍药花开出旧栏，春衫掩泪再来看。
主人不在花长在，更胜青松守岁寒。

最悲的一句是“主人不在花长在，更胜青松守岁寒”。王维居辋川庄时，亲手所植的芍药，现在已花开烂漫。芍药花开于晚春早夏时节，春百花凋零之际，它却开得正好。

芍药乃花中之相，品性高洁，有冰骨雪肌，在钱起眼里，它更胜青松更能守住岁寒，以此来表达对王维的思念与敬仰爱戴之情。

王维已西乘仙鹤去，辋川庄的芍药花年年开，仍眷睹花思人之情。

王维盛名于开元、天宝年间，被唐代宗誉为“天下文宗”，杜甫曾作《解闷》称赞王维：

不见高人王右丞，蓝田丘壑漫寒藤。

最传秀句寰区满，未绝风流相国能。

王维诗歌风格清逸淡远，雕雅而敦厚，覆盖古今，被誉为“诗佛”，与“诗仙”李白及“诗圣”杜甫共闻名盛唐。

红尘皈依佛

晚年唯好静，万事不关心。

自顾无长策，空知返旧林。

松风吹解带，山月照弹琴。

君问穷通理，渔歌入浦深。

——《酬张少府》

《酬张少府》这首五言律诗是王维写给好友张少府的酬答作品，在诗中他写道“晚年唯好静，万事不关心”，这种清静无为的心态正与他当时的生活息息相关，他写过傲然豪气的少年，写过壮心满怀的壮年，现如今是起句就写晚年好静。

人到晚年不是越发享受天伦之乐？可在王维眼里，晚年的他就特别地喜爱清静，长空月下，对饮三盏，不必再苦于人间万事。

“松风吹解带，山月照弹琴”，这种弹琴复长啸的山林生活，王维过得很是惬意。山林松风徐徐而来，带着满山清辉，吹得衣袂半解，即使宽衣解带在这山林深处也不必拘于礼节。迎风开怀，对月弹琴，心闲适而沉于自然物趣。

此时，朗月当空，松风月色相伴，你若是要问我关于人生穷通得失的道理，我便会高唱渔歌向着河浦深处去。

所谓的“晚年唯好静，万事不关心”是主张“虚静”说，他在自然禅理中，实现有限生命的无限超脱，这也是他的生存智慧。

这一生，走过多少路，遭遇多少伤心事，唯有遁入空门才能解脱。

宿昔朱颜成暮齿，须臾白发变垂髫。

一生几许伤心事，不向空门何处销。

——《叹白发》

诗中的“空门”指的是佛门，门佛有四大皆空，入了佛门方能破除心中的虚妄和偏执。王维生于奉佛家庭，后入长安考取功名，在仕途上也是坎坷沉浮，几番起落，把政事上的不得意归为他的伤心事。当然，人的一生哪里只有这一门伤心事呢。

王维早年丧父，中年丧妻，晚年丧母，到了晚年唯有弟王缙和其他亲友陪伴着他这个白发苍苍的垂暮老人。对于人生所经历的伤心事，王维选择精心修禅来消解。就连他的诗歌创作风格也随之发生变化，从清逸淡远向敦厚沉实过度。早年王维的诗歌作品风格多样，或是雕雅，或是清丽，或是健壮，不一而足，反而到了晚年创作逐渐减少，并发出“一生几许伤心事，不向空门何处销”的悲叹。

王维晚年归隐奉佛时，也不忘苍生疾苦，这就是“君子以布仁施义、活国济人为适意”之旨。

隐居辋川庄时，他苦行斋心，终日焚香独坐，以禅诵为事。时常在室内打坐，饭以松屑，焚起香炉看道书，直到烛光燃尽。年华早已冉冉逝去，而他的“晚年唯好静，万事不关心”并非全然不关心世事，只是奉佛缘故，心灵更多的是以佛法自勉。

王维一向喜欢和得道高僧来往，曾在长安时，热情款待僧人，和他们谈玄论道。“闲居静坐”是王维的修禅方式，正所谓“行亦禅，坐亦禅，语默动静体安然”，静坐可以让身心达到静美的享受。

他曾把这种静坐的禅意赋入山水诗中，用自然山水的宁静之美来愉悦身心，王维曾于秋雨夜中抒怀，写就《秋夜独坐》：

独坐悲双鬓，空堂欲二更。
雨中山果落，灯下草虫鸣。
白发终难变，黄金不可成。
欲知除老病，唯有学无生。

《秋夜独坐》又名《冬夜书怀》，王维在这首五言律诗中用禅意入诗，用语自然，出口圆湛。

那是一个秋末冬初的雨夜，王维独自一人静坐空堂。夜已二更，烛火昏黄中看到自己花白的两鬓，不觉间岁月已蹉跎，苦苦思索则越发孤寂。

烛火闪烁，屋外夜雨滴答，想必山中的野果已经被秋雨打落。秋虫拍打着翅膀辗转飞入屋内避雨，案前的灯火有了秋虫的身影。原来，草木昆虫亦如人一般，都无法逃避四季轮回，岁月消逝。既然万般自然，又何须一再悲鸣。

王维很多诗歌都字字入禅，如这句“雨中山果落，灯下草虫鸣”是微言中见妙语，与世尊拈花、迦叶微笑一般有禅意。

“白发终难变，黄金不可成”，此句用典，典出《史记·封禅书》：汉武帝时，有方士栾大诡称“黄金可成，河决可塞，不死之药可得，仙人可致”，因此武帝封他为五利将军。后均无效验，被杀。诗中的“黄金”指的是道教炼丹术中一种仙药，王维在诗中运用这个典故，旨在说明万物皆有生与灭，唯有大自然才能永存。因此，人的白发既已生成，就难再变黑，况且炼丹服药祈求长生不老本就是虚妄，只是徒劳地嗟叹忧伤罢了。

如若想消除心中的伤心事和衰老疾病，唯有修习佛法这条道路可行。王维从情入理，写人生的感慨，揭开长生不老的虚妄，并决心皈依佛门。

王维于秋雨夜中抒怀，诗语有独处幽室伤怀处，是由夜雨情景所生，且诗尾联说理婉而不伤，一气作结，最是浑成。

王维常悲叹白发渐多，说起悲叹白发，他还有一首同题诗《叹白发》：

我年一何长，鬓发日已白。
俯仰天地间，能为几时客。
怅惆故山云，徘徊空日夕。
何事与时人，东城复南陌。

王维在晚年身心更皈依佛门，追寻着“无生”的禅理，他通过禅修来解脱这一生当中所遭遇过的伤心事，以求达到心境澄明，明心见性。并且，他把习得的禅修赋于诗中，诗与禅有了圆美的融合，实现人生的超脱。

可惜，再惜年华也阻止不了年老心衰，看着时光逐渐逝去，独留他带着伤心事走了。王维仙去之后，这天地间再也无人似他那般天机清妙。那如秋水芙蕖一般的人终究没于历史的云烟中，泛起了一缕缕禅意。